**José Isaacson
y la poética del encuentro**

Marina Martín

José Isaacson
y la poética del encuentro

Martín, Marina
José Isaacson y la poética del encuentro. - 1a ed. - Buenos Aires : Teseo, 2012.
238 p. ; 20x13 cm. - (Ensayo)
ISBN 978-987-1867-29-5
1. Estudios Literarios. 2. Crítica Literaria. I. Título
CDD 801.95

© Editorial Teseo, 2012

Buenos Aires, Argentina

ISBN 978-987-1867-29-5

Editorial Teseo

Hecho el depósito que previene la ley 11.723

Para sugerencias o comentarios acerca del contenido de esta obra, escríbanos a: **info@editorialteseo.com**

www.editorialteseo.com

ÍNDICE

Agradecimientos 11
Prólogo 13
Datos biográficos 17
1. Poesía de encuentros.. 23
   1. I. Perfil de un poeta.. 25
   1. II. El espacio poético 31
   1. III. La palabra desalienada.. 37
   1. IV. El horizonte de la poesía 45
2. Vocación en el Jordán porteño...................................... 55
   2. I. Sobre raíces 57
   2. II. Poesía en busca del Origen 67
   2. III. La plegaria de Iosef ben Itsjac ben Jaim Hacohen....... 73
3. José Isaacson, poeta argentino 81
   3. I. Argentina en mi corazón... 83
   3. II. Morada y poesía: de Buenos Aires a la
        imposibilidad como proyecto 89
   3. III. El canto porteño de José Isaacson 101
4. En torno a la lírica filosófica de *El Pasajero*........................... 117
   4. I. La llamada de la inspiración.................................... 119
   4. II. La ilusoria sustancia del tiempo 125
5. En torno a la lírica filosófica de *Poemas del conocer* 149
   5. I. Conócete a ti mismo 151
   5. II. "La pregunta destruye el Jardín" 157
       5. II. 1. Observaciones generales 157
       5. II. 2. Fluido punto de apoyo 162
       5. II. 3. Soy el que pregunta 172
6. Sobre caminos y metas... 187
   6. I. Senderos de la utopía revolucionaria en *El metal y la voz*..189
   6. II. El rescate de la esperanza en *Amor y Amar* 197
   6. III. El imposible Retorno 209
Bibliografía 219
Índice onomástico 227

A David y Sarah.

AGRADECIMIENTOS

Quiero honrar la memoria de Thorpe Running, quien puso en mis manos la obra de José Isaacson. Mis palabras no alcanzan a medir la magnitud de tal regalo. Gracias a su atención y a su labor crítica, he tenido el honor de conocer a José Isaacson y a Beatriz Curia, por quienes profeso una admiración que los años no han hecho más que aumentar. Mi más sincera gratitud al PEN Club Argentino por financiar mi viaje y estancia en Buenos Aires, facilitando mi investigación y entrevistas con José Isaacson. Agradezco hondamente el caudal de datos que se puso a mi disposición por medio de la cálida acogida que me brindaron José Isaacson y Beatriz Curia. Sin su paciente atención, este proyecto no hubiera sido posible.

Debo al hispanista Juan Cano Ballesta su valiosa guía en la apreciación literaria y su esfuerzo por impulsar rigor crítico en las investigaciones. Quedo también agradecida a Juan Miguel Palacios por la ayuda prestada en este proyecto. La vastedad de sus conocimientos filosóficos y su abnegada entrega a la enseñanza han servido siempre de profunda inspiración. Debo a Gladys Saunders sabios consejos en la estructura del presente volumen y valoro el fiel apoyo que siempre me han dispensado Linda Maier y Daniel Balderston. Encomiable es la atención de Amparo Alba, dando a conocer, desde el Departamento de Estudios Hebreos y Arameos –Universidad Complutense, Madrid– la obra de José Isaacson. A Myriam Bustos Arratia y a José María Merino, admirados escritores, quedo profundamente agradecida por su confianza en mi juicio crítico y por el honor de su amistad. Agradezco a Mempo Giardinelli por hacerme partícipe a lo largo de los años de su interés en la literatura argentina y por brindarme en sus seminarios literarios, en Resistencia, un rico contacto diario con escritores.

Por último, mis sinceras gracias al *College of St. Benedict, St. John's University*, por la beca concedida en la fase final de mi estudio para honrar la valiosa obra de José Isaacson.

PRÓLOGO

Todo hombre es poeta
cuando es capaz de quedar enceguecido
por el resplandor de lo real.

José Isaacson, *Antropología literaria* 45.

José Isaacson, poeta y pensador de excepcionales dimensiones, ha encontrado en Marina Martín una crítica también excepcional. Las obras de Isaacson presentan notables dificultades desde el punto de vista crítico. No se trata de escritos encuadrables en un género, sino que engloban una concepción del mundo, una gnoseología, una antropología, una sociología, una política y una metafísica. Se acerca a las artes plásticas, a la música, a la historia, a la mitología y a la realidad de su entorno sociohistórico. Poeta de su tiempo, arraigado en su país, no da las espaldas al mundo. Los grandes temas y problemas de la modernidad y posmodernidad le son familiares y movilizan su impulso creador. Los poemas de Isaacson, lejos de constituir glosas de obras filosóficas, científicas, musicales o plásticas, fueron concebidos como convergencia de estas disciplinas y su poética. No se trata de una referencialidad circunstancial a otros campos culturales, sino de un factor intrínseco a la esencia de cada poema. La raíz de esta actitud es su idea de la cultura como reunión de las actividades poiéticas del hombre y de la poesía como forma emocional del conocimiento. Poema y teorema son las dos caras del conocimiento humano.

Si *Amor y Amar* es una antropología filosófica y *Poemas del conocer* una gnoseología, *Cuaderno Spinoza* se erige como obra metafísica. Entiéndase bien: no traspone

Isaacson en verso un conocimiento previo, sino que *al crear descubre*. Así como el conocimiento a través de la razón tiene carácter teoremático, el conocimiento a través de la intuición es poemático. Así, la poesía resulta ser la forma emocional del conocimiento y el poema *es un discurso que intenta formalizar la totalidad del universo* (Antropología literaria 45).

Vertebra la obra de Isaacson un principio de índole antropológica, que es la palabra primordial *Yo-Tú* –de raigambre buberiana–, ecuación verbal de la persona, de la persona desalienada cuando se convierte en interlocutor. Por eso, la "palabra en un texto literario es siempre palabra relacional, más aun, es palabra expresiva de una relación personal" (*Ibid.* 121).

Isaacson, que vive en la biblioteca en que se ha transformado su casa a lo largo de las décadas, hijo de padres cultos y estudiosos, tiene conocimientos enciclopédicos que forman una irremplazable herramienta, sustento de sus especulaciones filosóficas y sus intuiciones poéticas. Digo intuiciones –el propio poeta lo concibe de este modo– porque sus poemas van surgiendo, como sostiene Bachelard, de la "intuición del instante" o, dicho de otro modo, del encuentro buberiano (*Ibid.* 45). Durante el plácido transcurso de una siesta de enero, esquivando al "adusto verano" –expresión prestada por Esteban Echeverría– afloraron uno a uno en su conciencia, en forma de títulos, los núcleos de todos los poemas que luego integrarían uno de sus libros.

La formación académica de Marina Martín, diestra en el manejo de idiomas, sus amplios conocimientos de la filosofía, de las artes plásticas, de las letras y, en conjunto, de la tradición occidental, ofrece un sustrato fértil para el arraigo de su labor crítica. Una fina sensibilidad estética y su compenetración empática con la poética de Isaacson la llevan a aprehensiones cabales de cada libro y de cada poema. Por ello ha podido trazar la sutil trama de interrelaciones que caracterizan la producción del poeta.

Isaacson ha escrito, *in totum*, un macrotexto de perfiles escarpados, cuya complejidad Marina Martín desentraña con soltura a partir de sus muchos y variados conocimientos. Su capacidad de recrear cada una de las *intuiciones del instante* que han generado los poemas la convierten en la lectora ideal, en el Tú que reclama Isaacson para que se produzca el *encuentro*. Así, la palabra esencial *Yo-Tú* transforma al autor y su exégeta en un *sujeto dialógico*.

Ha volcado su demorado estudio y sus análisis en un libro riguroso, presidido por un pensamiento diestro en la lógica y la claridad conceptual, en los razonamientos apretados del discurso filosófico, que navega sin dificultad por los meandros gnoseológicos, metafísicos y antropológicos de los textos estudiados.

Las múltiples facetas que ofrece la poesía de Isaacson –una suerte de *aleph* de disciplinas, temas y motivos que, en definitiva, constituyen la intuición del ser spinoziano– pueden despistar al crítico que pretenda captar su compleja sencillez. Marina Martín no pierde el camino. Su libro traza un nítido recorrido y, desde el título, desnuda la riqueza del planteo isaacsoniano esencial.

Beatriz Curia
CONICET / UBA / USAL

DATOS BIOGRÁFICOS

Fecha y lugar de nacimiento: 14 de agosto de 1922, Buenos Aires, Argentina.
Nacionalidad: argentino.
Ingeniero Mecánico y Electricista. Facultad de Ciencias Físico-Matemáticas, Universidad Nacional de La Plata, Argentina.

Actividad docente

- Profesor, director: Escuela ORT, Buenos Aires.
- Fundador: Escuela ORT, Domínguez, Provincia de Entre Ríos.
- Facultad de Ingeniería, Universidad de Buenos Aires.

Miembro de organismos y sociedades

- Primer presidente: Federación Argentina de Revistas y Grupos Literarios Independientes.
- Asesor Permanente: Centro Argentino del PEN Internacional (Asociación Mundial de Escritores).
- Comisión Directiva, Socio Honorario: Sociedad Argentina de Escritores.
- Fundador-director: Centro de Integración Cultural (Ciencia, Tecnología, Humanidades), Sociedad Científica Argentina.
- Asesor Cultural. Secretario de Extensión Universitaria: Facultad de Ingeniería, Universidad de Buenos Aires.
- Junta Directiva de la Sociedad Científica Argentina.
- Director: Instituto de Estudios Argentinos.

- Miembro Honorario: Cámara Argentina del Libro.
- Asociación Internacional de Hispanistas.
- Academia de Conocimientos Interdisciplinarios.
- Comité Consultivo: Casa Argentina Jerusalén-Tierra Santa, Buenos Aires.
- Fundación Internacional Raoul Wallenberg (Buenos Aires, Jerusalén, Nueva York).
- Comisión Directiva: CELCIRP (*Centre d'Etudes des Littératures et Civilisations du Rio de la Plata*). Fundado por Paul Verdevoye, la Sorbona, París.

Publicaciones

Editor

- Director, *Comentario*. Revista de humanidades.
- Director, *Amistad*. Revista sobre la poesía argentina y latinoamericana.
- Director, *Palabra y Persona*. Revista de humanidades, Centro Argentino del PEN Internacional.
- Director, colección "Temas de Nuestro Tiempo" de la Editorial Plus Ultra.
- Director, colección "Temas Argentinos" de la Editorial Plus Ultra.

Artículos, notas, reseñas, poemas

Argentina: *La Nación, Clarín, La Razón, Comentario* (Buenos Aires); *Vigencia, Palabra y Persona, Amistad, Señales* (Buenos Aires); *Hablar de poesía, Euterpe, Encrucijadas* (Buenos Aires); *La Gaceta, Cuadernos del Sur* (Bahía Blanca).

Puerto Rico: *La Torre* (Universidad de San Juan, Puerto Rico).

Francia: *Río de la Plata,* (CELCIRP, la Sorbona, París); *Poésie* (París).

Revistas electrónicas: *Studia Croatica, Alhucema, Desmemoria.*

Poesía

1952: *Las canciones de Ele-í.*
1956: *El Metal y la Voz.*
1960: *Amor y Amar.* 2da. ed. 1968.
1963: *Elogio de la poesía.*
1965: *Oda a la alegría.*
1969: *Oda a Buenos Aires.*
1969: *El Pasajero.*
1977: *Cuaderno Spinoza.*
1984: *Poemas del conocer.*
1994: *Desde el mundo de Borges.*
1996: *Plegarias.*
1997: *Poemas porteños.*
1999: *Canciones.*
2000: *Veinte poemas posmodernos y una canción deshilvanada.*
2004: *Poèmes de la Connaissance / Poemas del conocer.*
2012: *Poemas del tiempo.*

**Ensayo e investigación
(filosofía, sociología, literatura, historia)**

1969: *El poeta en la sociedad de masas. Elementos para una antropología literaria.*
1974: *Kafka, la imposibilidad como proyecto.*
1977: *Introducción a los* Diarios *de Kafka. La escritura como dialéctica de los límites.*

1980: *La revolución de la persona.*
1981: *Macedonio Fernández, sus ideas políticas y estéticas.*
1982: *Antropología literaria. Una estética de la persona.*
1983: *La Argentina como pensamiento.*
1986: *Encuentro político con José Hernández.*
1986: *Borges entre los nombres y el Nombre.*
1993: *Luis Augusto Huergo, primer ingeniero argentino. La ciencia y la técnica en el proceso cultural del Río de la Plata.*
1993: *La industria cultural y la Argentina de hoy.*
1998: *José Hernández. El senador Martín Fierro.*
2001: *Teoremas.*
2004: *Filosofía, literatura y etcétera.*
2008: *Para una ontología de la industria cultural. Las dos caras del neoliberalismo.*

Libros colectivos

1974: *El populismo en la Argentina.* José Isaacson (coord.), Bernardo Canal-Feijóo, Norberto Rodríguez Bustamante, Osvaldo Bayer, Gregorio Weinberg, Juan José Sebreli y José Isaacson.

1983: *Censura, individuo y sociedad.* Bernardo Canal-Feijóo, Eugenio Pucciarelli, Mauricio Abadi, Gregorio Weinberg, Edmundo Guibourg, Natalio Botana, Jorge Reinaldo Vanossi, José Isaacson.

1986: *Pensar la Argentina.* José Isaacson (coord.), Natalio Botana, Félix Cernuschi, José Isaacson, Luis Mario Lozzia, Norberto Rodríguez Bustamante, Juan José Sebreli y Gregorio Weinberg.

2000: *Borges, argentino universal.* Rolando Costa Picazo, José Isaacson.

Como Secretario de Extensión Universitaria de la Facultad de Ingeniería de la UBA dirigió tres publicaciones: *Sarmiento en el centenario de su muerte* (1988), *El segundo centenario de la Revolución Francesa* (1989) y *La Reforma Universitaria de 1818*.

Antologías críticas (con estudios y prólogos)

1960: *Perfil de la actual poesía argentina*.

1961-1963: *40 años de poesía argentina 1920-1960*

1964: *Poesía de la Argentina: de Tejeda a Lugones*.

1972: *Martín Fierro. Centenario*.

2003: *Geografía lírica argentina; Cuatro siglos de poesía (XVII-XVIII-XIX-XX)*.

Prólogos

1977: "Prólogo". *Walden o la vida en los bosques*. Henry David Thoreau.

1982: "Prólogo". *La musa de la mala pata y El gato escaldado*, por Nicolás Olivari.

1986: "*Martín Fierro*, poema de denuncia". *Martín Fierro*. José Hernández.

1996: "Prólogo". *Ciencia, técnica y humanismo*. Marcos Meeroff y Agustín Candioti.

2002: "Prólogo". *Literatura argentina e idiosincrasia*. Paul Verdevoye.

Distinciones

1958: Premio Municipal de Poesía Inédita.

1962: Premio Gerchunoff.

1963: Premio Publicación del Fondo Nacional de las Artes.

1963: Primer Premio Municipal de Poesía.

1969: Primer Premio Municipal de Ensayo.

1975: Primer Premio Nacional en Ciencias del Lenguaje, sexenio 1968-1973, por *El poeta en la sociedad de masas*. 11-08-1975. Obtenido por cuatro autores: Ángel Battistessa, Arturo Marasso, María Rosa Lida y José Isaacson.

1976: Gran Premio de Honor de la Sociedad Argentina de Escritores (SADE).

1976: Pluma de Oro del PEN Club Internacional (Centro Argentino).

1978: Premio a la Personalidad del Año, otorgado por el Ateneo Rotario del Rotary Club.

1978: Gran Premio de Honor de la Fundación Argentina para la Poesía.

1980: Premio Latinoamericano al Mérito Intelectual (Venezuela). Rama Latinoamericana del Congreso Judío Mundial.

1986: Premio "José Hernández" por *Encuentro político con José Hernández*. Fundación Argentina para la Poesía; mejor libro sobre Hernández en el centenario de su muerte. La Fundación le hizo entrega del Puma de Oro.

1987: Premio "El universo de Jorge Luis Borges", otorgado a su libro *Borges entre los nombres y el Nombre* en el concurso organizado por la Fundación el Libro.

2000: Premio "Esteban Echeverría" de ensayo, Gente de Letras.

2004: Doctor *Honoris Causa*. Universidad de Palermo.

CAPÍTULO 1
POESÍA DE ENCUENTROS

1. I. PERFIL DE UN POETA

Sobre el papel dejo
una mínima señal,
apenas un vaivén.

José Isaacson, *Canciones* 20.

Cabe suponer con legitimidad que José Isaacson (Buenos Aires, 1922) es hoy en día uno de los escritores más notables del mundo hispano. De igual manera, sin ánimo de restar ni añadir valor, cabe atribuir un alcance internacional a una obra encomiable no sólo por la riqueza de sus temas, sino también por la profundidad de su visión humanística. Un giro hacia la metafísica se evidencia casi invariablemente en los escritos de Isaacson. Este hecho, unido a la apreciación estética que emana de la intensidad evocativa de sus imágenes, realza el calibre intelectual y el vuelo poético de su producción.

La pregunta sobre el tiempo, o la búsqueda de una justificación de la existencia, orienta la obra de Isaacson con paso firme y recurrente. Bien sea a través de la versificación libre o de la prosa evocativa, la metáfora activa en el texto de Isaacson retos, conjeturas y perplejidades en torno a la identidad de la *persona*. Se trata en definitiva de una clave cifrada en la caracterización del tiempo y sus impenetrables enigmas. Desde los albores de *Las canciones de Ele-í* (1952) a la incomparable poetización de un tratado de metafísica, como es *Cuaderno Spinoza* (1977); desde la visión filosófica y mítica de *Poemas del conocer* (1984) o la evocación bíblica de *Plegarias* (1996); desde la honda desnudez e intimidad de *Canciones* (1999) al tono local y entrañable de *Poemas porteños* (1997), por ejemplo, la lírica de Isaacson se abandona, libre de ornamentos y escuelas literarias, al fluir de un verso que alcanza altas cimas.

Ya en las primeras obras líricas de Isaacson puede detectarse con claridad una voz plenamente madura y de múltiples resortes estilísticos. Así lo prueban los siguientes poemarios, que preceden a la publicación de *El Pasajero* en 1969: *Las canciones de Ele-í* (1952); *El metal y la voz* (1956); *Amor y Amar* (1960); *Elogio a la poesía* (1963); *Oda a la alegría* (1965) y *Oda a Buenos Aires* (1969). Con anterioridad a 1952, la lírica de Isaacson incluye "Buenos Aires-Jujuy", una breve colección de seis poemas publicada en *El metal y la voz* (1956), que data de 1951. También *Oda a la alegría* se incluye en esta misma colección de 1956, pero su composición data de 1952-1953.

El calibre intelectual de la obra de Isaacson merece ser explorado ampliamente. Thorpe Running establece, no sin razón, un vínculo con Borges, ya que los dos comparten, "muy explícitamente, una afinidad con la filosofía" (11). Señala también que Isaacson se inserta dentro de un grupo estelar de poetas argentinos –Borges, Olga Orozco, Roberto Juarroz y Alejandra Pizarnik, entre otros– que, en conjunto, representan "la mejor poesía de la segunda mitad del siglo veinte" (11). Debe, en todo caso, destacarse con justicia la proyección internacional de Isaacson. Sin olvidar las diferencias con Borges, es acertado observar un paralelismo significativo entre los dos escritores, ya que el eje metafísico sobre el que gira su obra despliega una erudición fuera de lo corriente.[1]

---

[1] José Isaacson desentraña en *Borges entre los nombres y el Nombre* (1987) los temas bíblicos y filosóficos que afloran en la obra de su compatriota. Este penetrante estudio saca a la luz importantes fuentes de inspiración. No menos ilustrativo es el juego intertextual y el intercambio de planteamientos que aparece en su poemario *Desde el mundo de Borges* (1994).

A la hondura filosófica y a la vasta producción literaria de Isaacson, habría que añadir, según indica Beatriz Curia, la propuesta de un *nuevo* humanismo, de una actitud vital que posibilita una llamada al rescate y a la desalineación de la persona. Bajo esta perspectiva, la obra de Isaacson, como observa Curia acertadamente, contiene una propuesta que "excede el plano literario", ya que busca plantear un sentido a nuestra praxis, aspirando a ahondar en la expresión de nuestro tiempo. Obras como *El poeta en la sociedad de masas* (1969) o *La revolución de la persona* (1980), por ejemplo, formulan una relación dialéctica y constituyente de la existencia humana, enraizada en el binomio Yo-Tú. De esta manera, se apunta, como hace Martin Buber, hacia un horizonte utópico que Isaacson estima tan imposible como necesario.

Tampoco está desprovista de lirismo la ensayística de Isaacson. La variada producción de escritos, ya sea en su enfoque literario, monográfico o social, revela la labor de un poeta que, guiado por su propia musa y abandonado a su rumbo, surca caminos llenos de intereses interdisciplinarios. Bien sea adentrándose en la filosofía, o en la crítica literaria y social, la aportación humanística de Isaacson se destaca por su amplitud de horizontes. En ocasiones, como muestra el penetrante ensayo *La realidad metafísica de Kafka* (2005), el tratamiento indirecto del tiempo deja entrever la sombra de Sísifo. El latido de una escritura esencialmente poética une de esta manera el mito con la historia. El análisis de la fábula kafkiana y sus premoniciones, así como el sentido y la justificación de la escritura, merodean la obra de Isaacson frecuentemente estableciendo un sutil diálogo intertextual e ideológico. Se hermana aquí la reflexión filosófica con la evocación bíblica. Dicha tendencia, notable en poemarios como *Plegarias* o *Poemas del conocer*, está también presente en sus ensayos sobre Kafka y en sus estudios monográficos sobre Borges.[2] En todos ellos, el tratamiento del tiempo, ya se efectúe de manera implícita o explícita, emprende una búsqueda donde la transparencia del pensamiento desemboca en la intuición poética de la paradoja y sus abismos.

Afincada en la entraña de la metafísica y convertida en quehacer poético, la obra de Isaacson lleva a cabo un recorrido mítico donde la metáfora se abre al *encuentro*. Esta coordenada temporal es un punto de incidencia en el que se borran y se afirman las diferencias. El *Yo* y el *Tú* son concebibles en el espacio de la *relación*. La identidad se ancla de esta manera en un proceso de encuentros, en tanto que la presencia del *Yo* en el tiempo se fragua en relación con el *Tú*, con el universo, con la sociedad, con el conocimiento mismo y, en definitiva, con la existencia. Son los factores de un binomio que se da invariablemente en el espacio de la *relación*, entendida dentro de un marco idealista. Las preguntas kantianas *qué puedo esperar, qué debo hacer,* y *qué puedo conocer* marcan la trayectoria de Isaacson, siguiendo esta vez las pautas del idealismo de Martin Buber en la teorización del sujeto dialógico. De ahí que pueda afirmarse que Isaacson no sólo encabeza en la Argentina la corriente neohumanista, sino que con ella apunta también hacia el análisis de la estructura social, desarrollando una estética de la persona. Así lo prueban, entre otros ensayos, *El poeta en la sociedad de masas* (1969),

---

[2] Isaacson es uno de los grandes intérpretes de la obra de Kafka. Su profunda fascinación se refleja en sus escritos de manera creativa y estimulante. Borges, como es sabido, comparte dicha admiración. En el caso de Isaacson, este interés no sólo rebasa el diálogo intertextual con el que se tejen sus poemarios, sino que además se materializa en extensos estudios, como ilustran *Kafka, la imposibilidad como proyecto* (1974), *Introducción a los* Diarios *de Kafka. La escritura como dialéctica de los límites* (1977) y *La realidad metafísica de Franz Kafka* (2005). Son los ensayos de Isaacson sobre Kafka joyas inigualables dentro de su producción.

La revolución de la persona (1980), *Antropología literaria: una estética de la persona* (1982), *Teoremas* (2001), o sus más recientes *Filosofía, literatura y etcétera* (2004) y *Para una ontología de la industria cultural* (2008). Sin duda la lista no acaba aquí. Habría que añadir de algún modo ensayos que tratan el tema más tangencialmente, como *El neoliberalismo como fundamentalismo económico: ensayos argentinos* (2005). Y sobre todo, habría que enfatizar el carismático alcance que el tema adquiere en *La realidad metafísica de Kafka* (2005), pues, como bien ilustran los estudios sobre Kafka, en ocasiones se trata de ensayos dotados de un latido poético que diluye en su pensar mítico las fronteras de los géneros literarios. Ya se trate de su obra poética o de su ensayística, la mirada de Isaacson penetra invariablemente en el cuestionamiento, devolviendo a la poesía su misión epistemológica y estética.

1. II. EL ESPACIO POÉTICO

Poetry is indeed something divine. It is at once the center and the circumference of knowledge; it is that which comprehends all science, and that to which all science must be referred. It is at the same time the root and the blossom of all other systems of thought; it is that from which all spring, and that which adorns all.

P. B. Shelley, *A Defence of Poetry* 206.

Una de las preguntas centrales sobre las que gira la obra de Isaacson busca averiguar qué sentido tiene la poesía hoy en día, qué papel juega en las circunstancias actuales. A esta pesquisa se añade la tarea de analizar cuál es su esencia. Podemos también preguntarnos, ciertamente, qué cabe esperar en el futuro. Para José Isaacson, estos planteamientos nos remiten en última instancia no sólo a una concepción de la poesía misma, a un análisis de su naturaleza, sino también a una concepción antropológica del ser humano, es decir, a una estética de la persona. El tema es de gran importancia, dado que configura la propuesta humanística de Isaacson y yace en la totalidad de su producción literaria. En efecto, las reflexiones sobre el arte, entronizadas en la poesía, se convierten en el centro de obras ensayísticas como *El poeta en la sociedad de masas* (1969), *La revolución de la persona* (1980) y *Antropología literaria* (1982). De igual manera protagonizan sus carismáticos estudios sobre Kafka y orientan las colecciones de ensayos más recientes, como se ilustra en *Filosofía, literatura y etcétera* (2004) y en *Para una ontología de la industria cultural* (2008), donde se explora la amenaza de un vacío generado por una sociedad de individuos cosificados, sin rostro.

Teniendo en cuenta la progresiva masificación de la sociedad, la atrofia humanística de un mundo desalmado, esclavo de la propaganda y del vacío; teniendo en cuenta el arrinconamiento del poeta en la cadena de producción en serie, cabe preguntarse por el destino que acecha a la humanidad. ¿Qué ocurre cuando el impulso artístico se eclipsa, cuando la miopía de la vanidad y el automatismo aniquilan al poeta? Bécquer, en una de las *Rimas* más célebres, niega la extinción de la poesía, incluso cuando el empobrecimiento del canto llega a ser total:

> No digáis que agotado su tesoro,
> de asuntos falta enmudeció la lira:
> podrá no haber poetas, pero siempre
> habrá poesía (Rima IV, 113).

Dado el horizonte utópico que orienta la obra de Isaacson, creemos que para este escritor tampoco es posible tal extinción. Mientras haya un resquicio de esperanza para la vida humana, habrá –según Isaacson– poesía. Esta visión supone el cumplimiento de una misión estética en el ser humano a través de su *póiesis, i. e.*, de su actividad creadora como tal, independientemente de los medios de locución que se apliquen.

Concebida la poesía en términos de trascendencia, Bécquer la considera indestructible e inmortal, como la belleza que expresa. El planteamiento de Isaacson toma otro derrotero. Basándose en una postura dialéctica, llega a configurar el acto creador en un *encuentro*, entendido como recinto de contacto donde inmanencia y trascendencia se convocan simultáneamente. Mientras haya vida humana, mientras haya creación y descubrimiento, habrá –según Isaacson– poetas. Y habrá poesía, ya que estos conceptos quedan unidos inseparablemente a través de su lazo semántico. Según este enfoque, el interlocutor y el emisor adquieren sentido en un mismo espacio de reciprocidad, de *contacto* personal. En esta morada se fragua la creación; cobijo de la palabra y del verso; recinto, en última instancia, del Universo.

"La belleza del arte", declara Isaacson en *Antropología literaria*, "es resultante del testimonio de las relaciones que el poeta establece y concreta en sus textos. Si parabólicamente se nos permite sostener que el Universo es el poema de Dios, de la relación parcial con el Universo surgen los poemas que son capaces de formular los hombres" (153). Según la propuesta isaacsoniana, a través de diferentes vehículos expresivos el acto creador reúne simultáneamente los conceptos de emisión y recepción en un mismo espacio de *relación*.[3] Y es ésta una morada que, guardando las huellas de Maimónides y Teresa de Ávila, reproduce el latido de Martin Buber con la hondura de su aliento poético y de su misticismo.[4]

Isaacson ve la creación poética como un recinto íntimo, pero abierto a la trascendencia, dado que es en ese ámbito de la palabra primordial Yo-Tú, del sujeto dialógico, donde tiene lugar la aparición, caracterizada como un encuentro personal. "*This is the eternal origin of art* –sostiene Buber– *that a human being confronts a form that wants to become a work through him. Not a figment of his*

---

[3] Así lo expresa la reflexión que abre el tercer capítulo de *El poeta en la sociedad de masas*, titulado "Cultura y persona". Recogemos sus palabras: "La cultura es siempre el resultado de actividades *personales*, que pueden ser creativas o receptivas. Aunque quizá fuera mejor hablar aquí de emisión y recepción, reservando el concepto de *creación* para ambas actividades" (33).

[4] Isaacson ve en la *Ética* de Spinoza –filósofo ineludible en su propia producción literaria– una maduración de la obra de Maimónides, quien "marcó un hito en la filosofía medieval" (*Para una ontología de la industria cultural* 40).

soul, but something that appears to the soul and demands the soul's creative power."[5] Llevado este planteamiento a su perspectiva teológica, el arte –la creación como tal– se convierte en el resultado de un juego dialéctico basado en la afirmación ontológica del Yo-Tú.

Para Isaacson, es en el *diálogo*, en el ámbito marcado simultáneamente por la creación y el descubrimiento, donde –más allá de la robotización que Ortega y Gasset describe en la *Rebelión de las masas*; más allá del individuo cosificado, sin rostro ni nombre– se recupera a la *persona*. En este caso, coincidiendo con Buber, se sostiene que el arte es fruto del *encuentro* con un interlocutor: "El Tú que dialoga con el poeta, el poeta que dialoga con el Tú, son los verdaderos protagonistas de la historia, los responsables del poema, de la obra de arte" (*Antropología literaria* 15).

Son varias las connotaciones de la visión a la que intentamos aproximarnos en el bosquejo presente. Se deja sentir aquí, por un lado, el peso de la tradición del culto al Libro, el latido del diálogo que el pueblo judío sostiene con su Dios; el misticismo de una tradición con la que Isaacson se identifica y a la que pertenece. Por otro lado, dentro de un marco filosófico, se dibuja la trayectoria de la metafísica idealista, detectándose especialmente la inspiración hegeliana, y que Buber combina en admirable síntesis con la filosofía judaica. Llevado por el ímpetu de un espíritu creador y original, Isaacson evoca la trayectoria de Maimónides, trasladándola a nuestro tiempo; devuelve al diálogo teológico –tanto al judaico como al que se entrevé

---

[5] *I and Thou* (60). La traducción es de Walter Kaufmann, uno de los estudiosos de Buber y, según Isaacson, "uno de los mayores escoliastas contemporáneos de Hegel" (*Antropología literaria* 148). La cita en alemán: *Das ist der ewige Ursprung der Kunst, dass einem Menschen Gestalt gegenübertritt und durch ihn Werk werden will. Keine Ausgeburt seiner Seele, sondern Erscheinung, die an sie tritt und von ihr die wirkende Kraft erheischt* (16).

en la trayectoria filosófica del idealismo- su dimensión estética, de ahí su énfasis en la poesía, caracterizada en su obra como la *esencia* del arte: "Lejos de negar la peculiaridad artística de la poesía, afirmamos que es el denominador común de las artes" (*Antropología literaria* 157).

Inspirado en la filosofía de Hegel, Isaacson propone, sin embargo, no restringir la poesía a un mero género literario, facilitando así la exploración de su alcance. Es decir, más allá del verso y de la prosa, la poesía posibilita una vía de descubrimiento; viene a ser, con la ciencia, el otro polo que nos permite alcanzar el conocimiento. Bajo esta visión isaacsoniana, arte y ciencia se conciben, por lo tanto, como dos ramas que nacen de un mismo tronco. Y ese tronco, alzado en la búsqueda de conocimiento, cumple en la diaria conquista de los azares una misión estética. Cabe, por consiguiente, suponer que en la lucha, en la pugna impostergable, en el esfuerzo enconado por conocer y descubrir qué tiene el ser humano, late el corazón de la poesía. Tal es la cima, siempre remota, pero intuida y propuesta en cada escalón, en cada instante del devenir histórico.

1. III. LA PALABRA DESALIENADA

Toda vida real es encuentro.

Martin Buber, *Ich und Du*.[6]

El primer capítulo de *El poeta en la sociedad de masas* se cierra con la siguiente declaración: "A pesar de todas las oposiciones e incomprensiones, prejuicios e intereses, la poesía seguirá siendo el gran lenguaje: el lenguaje de las esencias, el lenguaje del diálogo, el lenguaje de las personas" (22). Siguiendo la trayectoria intelectual que este volumen de ensayos inaugura en la estética de Isaacson, es necesario tener en cuenta que la actividad humana caracterizada como *póiesis* es el común denominador de las artes. Su aliento poético vuelca su ser en diferentes expresiones artísticas: habita tanto en las joyas literarias de las bibliotecas como en el asombro de los laboratorios científicos; preside los sueños de la arquitectura, las formas de la cerámica y la escultura; late en los recitales de música o se derrama en el alma de los museos; expresiones todas ellas que, entre otras, dejan su huella humana en el devenir histórico, en la búsqueda –según Shelley– de la verdad y la belleza:

> *But poets, or those who imagine and express this indestructible order, are not only the authors of language and of music, of the dance, and architecture, and statuary, and painting; they are the institutors of laws, and the founders of civil society, and the inventors of the arts of life, and the teachers, who draw into a certain propinquity with the beautiful and the true* (*A Defence of Poetry* 148).

---

[6] *Alles wirkliche Leben ist Begegnung* (18).

En el prólogo que acompaña la edición de *El Pasajero* (1969), Alfredo de la Guardia sostiene que el lenguaje del arte, no importa qué forma de expresión elija, viene marcado por el misterio, por la entrega a los dictados de la inspiración. No es otra la postura de Isaacson. Para este escritor, el arte responde a una llamada que perfila el rostro humano en su devenir histórico, proyectando no una imagen parcial de la persona, sino la huella de todo su ser. Desde este punto de vista, tiene sentido concebir la poesía como "la forma emocional del conocimiento", según propone Isaacson en repetidas ocasiones.[7] No excluye esta visión ninguna vertiente de la vida humana, dado que la subjetividad se incorpora de lleno en la creación. Valga aquí hacer alusión a Hegel, uno de los filósofos frecuentados por este poeta argentino. Recordando la sentencia de Terencio *"nihil humani a me alienum puto"*, Hegel resuelve aplicarla a sus estudios de estética, sosteniendo que, efectivamente, nada humano nos es ajeno, ya que el objetivo del arte consiste en despertar todas las facultades humanas y poner en juego su potencial más profundo, activando sentimientos, intelecto y espíritu para llegar al esplendor de "lo noble, lo eterno y lo verdadero" (*Aesthetics* I, 46).[8] Es necesario reparar, por lo tanto, en que se caería inevitablemente en

---

[7] A lo largo de sus ensayos, Isaacson analiza las implicaciones que se dan en lo que él considera ser la médula del lenguaje poético, cifrada en la máxima: "La poesía es la forma emocional del conocimiento." Véanse, por ejemplo, *El poeta en la sociedad de masas* 13 y *Antropología literaria* 7.

[8] Recordemos que la sentencia de Terencio "*Homo sum: nihil humani a me alienum puto*" abre el primer capítulo de *Del sentimiento trágico de la vida*, donde Unamuno enfatiza su interés en el individuo de carne y hueso, entendido de manera equivalente al concepto isaacsoniano de *persona*, en tanto que, por un lado, se opone a la robotización del individuo, y por otro, se opone al concepto vacío de la abstracción (Unamuno 9). Necesario es apuntar también que la teoría de Isaacson sobre la *persona* es sumamente rica, dada su dimensión dialéctica donde sincronía y diacronía, acto y potencia se convocan simultáneamente.

reduccionismos si la actividad poética quedara limitada a una de sus múltiples facetas o a uno de sus resortes cognoscitivos, dado que la poesía, más que un género literario, es "el impulso originario de todo proceso creador" (*El poeta en la sociedad de masas* 13). Según Isaacson, la intelección y el discernimiento conviven en el poema con anhelos, dudas, sueños y temores. Se convoca, por lo tanto, en la poesía el ser entero; su entrega es total. Y su única subordinación es su servicio a la libertad.

Observa Beatriz Curia que Isaacson se adelanta varias décadas a las tesis que Daniel Goleman expone en *Emotional Intelligence*, dado que la presente hipótesis –i. e., la poesía es la forma emocional de conocimiento– no privilegia la vertiente racional por encima de la emocional.[9] Hay en Isaacson, de esta manera, una toma de conciencia consistente en resaltar que las vías para acceder a la verdad son múltiples y mutuamente enriquecedoras. Nos hallamos aquí, por consiguiente, ante el concepto englobante de *cultura*. Se trata, como señala Curia, de "una de las ideas vertebradoras" que Isaacson desarrolla en su ensayística; concepto por él caracterizado como la integración de todas las actividades creadoras del ser humano, ya sea en el campo de las artes o de la ciencia ("José Isaacson y el poeta desalienado" 424).

Conviene observar que las implicaciones de estos planteamientos tienen una importancia crucial en nuestro tiempo. Las palabras del filósofo y del poeta se funden aquí en una sola voz. En las reflexiones sobre la estética de la persona, Isaacson recoge, por un lado, la llamada de alarma que se

---

[9] "José Isaacson y el poeta desalienado" 424. Sostiene Curia que para Isaacson la concepción integral del conocimiento requiere la cooperación y el compromiso tanto de artistas, como de científicos, escritores e intelectuales. Apunta también que la palabra del escritor se convierte en "la palabra desalienada por antonomasia", siempre y cuando el escritor sea el portavoz de su tiempo y responda a las exigencias de su entorno (424).

despierta en Kafka –con personajes como Gregorio Samsa, por ejemplo–, y por otro, recoge la esperanza de Buber.

La automatización de una sociedad despersonalizada cosifica a la persona, reduciéndola a la invisibilidad. La sociedad de masas, según Isaacson, nos acecha y nos rodea con el avasallamiento del consumo y la vacuidad de las "pompas de jabón" machadianas.[10] Confundir *cultura* con *mercancía* es un insulto a la inteligencia y un error que daña la libertad, restringiéndola o incluso anulándola. Nada más lejos de las creaciones, caracterizadas por su *unicidad*, que el producto en serie de las mercancías, multiplicado robóticamente. "Las primeras son la herencia cultural de la humanidad", declara Isaacson, mientras que las segundas son "artículos a los que el mercado pone su precio" (*Para una ontología de la industria cultural* 60).

Para Isaacson, la poesía, más que un género, mide el grado de *humanidad* que alcanza una generación, los ideales de un momento histórico; mide la capacidad de crear y descubrir, tanto como el calibre de las aspiraciones. Y, cumpliendo una misión epistemológica, mide también el grado de ceguera.

La máxima del Oráculo de Delfos visita las páginas de Isaacson con asiduidad, instigando a conocernos, tarea ardua e ingente hoy en día. Instalados en el laberinto de datos e información que la tecnología despliega, su mensaje parece alcanzarnos con una urgencia insospechada.

---

[10] Recordemos aquí la fina denuncia de Antonio Machado (*Poesías completas* 218):
Yo amo los mundos sutiles,
ingrávidos y gentiles
como pompas de jabón.
Me gusta verlos pintarse
de sol y grana, volar
bajo el cielo azul, temblar
súbitamente y quebrarse.

Puede afirmarse que toda la obra de Isaacson, no sólo el clásico *Poemas del conocer*, responde plenamente a ese afán cognoscitivo. De ahí la hondura de su pensamiento y la autenticidad que sella su lírica.

A través de un humanismo integrador, que posibilita la cultura y el diálogo, la orientación estética de Isaacson busca el *rescate* de la persona extrayéndola de un aislamiento creciente. "Nunca el hombre tuvo a su alcance tantos medios de comunicación suministrados por la técnica y nunca se sintió más incomunicado", afirma en su primera obra ensayística, *El poeta en la sociedad de masas* (57). Llevados de la mano de Isaacson, el análisis al que nos conduce esta reflexión no deja de ser escalofriante. No es de extrañar el protagonismo que juegan las ideas de *interlocutor* y *encuentro* en el vuelo poético y en la incisiva visión de sus estudios sobre Kafka. Ya sea en la ensayística o en la lírica, tales conceptos orientan las incursiones de este escritor dentro del campo de la filosofía, la estética o la teología. De esencial importancia en su obra es, por lo tanto, entender el arte como fruto de un encuentro resultante de la relación que el poeta establece con su interlocutor; relación entendida como la "fuente eterna del arte" (*Antropología literaria* 13).

Siguiendo las pautas marcadas por Buber, Isaacson señala que cuando el Yo queda instalado invariablemente en la relación Yo-Ello (*Ich-Es*) las facultades y el potencial del individuo quedan mermadas severamente por la alienación, o se atrofian en un mundo despersonalizado, de desencuentros. Su autonomía se anula. Y con ella su capacidad de expresión, truncándose de esta manera su ser, su verdadero desarrollo. Para Isaacson, el compromiso estético llega a ser inseparable del compromiso moral, y éstos, a su vez, se funden en la búsqueda del conocimiento.

En el estudio introductorio que acompaña a la versión inglesa de *Ich und Du*, Walter Kaufmann señala que las manifestaciones del sujeto dialógico Yo-Tú son múltiples. La revaloración del concepto de autonomía vuelve a dialogar con las páginas de la *Crítica de la razón práctica* o de la *Fundamentación de la metafísica de las costumbres*. "Kant" –declara Kaufmann– "*told men always to treat humanity, in our person as well as that of others, as an end also and never only as a means. This is one way of setting off I-You from I-It*" (16). El Ello de Buber encuentra su paralelo en la materia y en la apariencia, en la realidad fenoménica y en la representación; también en la utilidad, en los medios que utilizamos como instrumentos. El Tú, sin embargo –declara Kaufmann–, es "el heredero de la mente, la realidad, el espíritu, y la voluntad".[11] No hay duda que Isaacson se compromete a seguir esta línea de pensamiento desatando en nuestro tiempo la voz de alarma; voz que denuncia la desaparición del interlocutor, el anonimato y la soledad del individuo en un enjambre social donde el consumo y el poder adquisitivo se sobreponen al diálogo. Tal pérdida merma la vida personal sumiéndola en la enajenación.

Si el grado de humanidad de las naciones es proporcional a su capacidad poética y creadora o al nivel de sus sueños, ¿qué puede esperarse de un tiempo histórico donde el individuo es sólo un número? La voz de Isaacson, como los personajes de Kafka, parece perderse en la neblina de nuestros días. La falta de diálogo creada por la deshumanización, tan proclive a la violencia; la cultura del consumo, avasallando a individuos reducidos a ciegas fabricaciones; el desencuentro y la soledad de un mundo alienado, son fantasmas o inminentes realidades que Isaacson revela de continuo en su obra.[12]

---

[11] Según este estudioso de Buber, el sujeto Yo-Tú llega a tener en Buber una dimensión de éxtasis dionisíaco (18). Cabe la posibilidad de aplicar esta misma observación a Isaacson.

[12] Fantasmas ilustrados de manera impactante en sus ensayos sobre Kafka.

Para Shelley, el grado de bienestar de los ciudadanos viene unido a su nivel cultural, observable especialmente en la apreciación que una sociedad determinada siente por la obra dramática. A mayor valoración literaria, mayor progreso social:

> It is indisputable that the highest perfection of human society has ever corresponded with the highest dramatic excellence; and that the corruption or the extinction of the drama in a nation where it has once flourished, is a mark of a corruption of manners and an extinction of the energies which sustain the soul of the social life (A Defence of Poetry 170-171).

Según muestra la ensayística de Isaacson, la esperanza se desvanece a medida que la masificación define una sociedad donde todo se envasa. El conocimiento, el ocio y la alegría parecen empaquetarse, por igual, con un precinto. Según se entrevé con fuerza dramática en los estudios de Isaacson sobre Kafka, cuando se hunde al individuo en la entidad de un número, se niega su perfil y con él su independencia. Fuera del juego de la oferta y la demanda, el poeta queda reducido a la marginación; siente el desprestigio de la palabra en la publicidad avasalladora del consumismo y asiste "a la intensificación de un idioma interjectivo que gana en contundencia lo que pierde en matices de inteligencia; que gana en agresión lo que pierde en musicalidad; que logra en sorpresa lo que pierde en sutileza" (*El poeta en la sociedad de masas* 19).

Es importante no perder de vista el papel de denuncia que juegan las ideas de Isaacson, especialmente cuando se saca a la luz una sociedad que reduce la cultura a mera industria y escaparate. Nada más lejos del *establishment* de la poesía.[13] Coincidiendo plenamente con Herbert Read en su obra *Anarchy and Order*, Isaacson no duda en señalar el

---

[13] Isaacson denuncia los intereses que rigen el falso mecenazgo de nuestros días. Consúltese, por ejemplo, el capítulo 3 de *El poeta en la sociedad de masas*, desarrollado después en *Para una ontología de la industria cultural*.

precio que puede pagar el poeta. Algunos –como Sócrates– se resignan a su propia cicuta. Ante esta situación, en nada ajena a las premoniciones y a los fantasmas de Kafka –tan reales, según Isaacson, después de los genocidios del siglo XX–, urge el rescate de la persona como una respuesta a la sociedad de masas. Urge, por lo tanto, salir del túnel de la alienación, retratada con admirable tiento en el "complejo, rico y desdichado mundo kafkiano" (*Kafka, la imposibilidad como proyecto* 33).

Teniendo en cuenta las atrocidades del siglo XX y las del nuevo milenio, el inicio de un rescate debe hacerse desde *dentro*; desde una toma de conciencia. Volvemos, de alguna manera, a la reflexión de San Agustín: "*Noli foras ire, in te ipsum redi*" (XXXIX, 72); volvemos con Buber a la búsqueda de una palabra básica –la palabra desalienada del diálogo, del Yo-Tú– que se pronuncia desde dentro, vertiendo en ella el ser entero. Esta orientación posibilita, según Isaacson, el latido poético que sella lo humano en su aventura cognoscitiva y creadora. Importante es reconocer que tal empresa es viable desde una postura que no se deja hechizar por la ostentación de un intelectualismo vacuo:

> Sabemos lo difícil, si no imposible, que resulta enfrentarse a las ideas dominantes de una época. Pero lo hago con perceptible entusiasmo: frente a la cosificación opto por la personalización, y en un tiempo histórico en el que las "vanguardias" artísticas suelen cultivar retóricamente "revoluciones" verbales, sostengo que la única revolución posible pasa por nuestra conciencia (*Antropología literaria* 4).

No cabe duda de que la propuesta para salir de la oscuridad y del automatismo conecta a Isaacson, en cierta manera, con el Siglo de las Luces, ya que para él, negar el acceso al conocimiento y a la educación es negar la autonomía. Y aunque no se entronice la razón como facultad superior, el intento de desvincular a la poesía de la búsqueda de conocimiento es para Isaacson un error. Y los errores pueden costar un alto precio por su grado de ceguera.

1. IV. EL HORIZONTE DE LA POESÍA

A poem is the very image of life expressed in its eternal truth.

P. B. Shelley, *A Defence of Poetry* 149.

En mi antigua lengua,
la verdad y la belleza,
como corola y cáliz en la flor unidas,
forman una única palabra.

José Isaacson, *Elogio a la poesía* 70.

El rescate de la autonomía es paralelo a la búsqueda de la verdad, proyecto de desalineación viable, según Isaacson, a través de la *poesía*. De acuerdo a las tesis que este pensador desarrolla en *El poeta en la sociedad de masas* –y según sostiene de manera consistente en repetidas ocasiones–, belleza, libertad y verdad son términos que coinciden en el seno de la poesía, en la esencia de la *póiesis*.[14]

Ya desde los comienzos de su ensayística, Isaacson revela un interés profundo en los temas presentes. En sus análisis, sostiene que si la obtención simultánea de la belleza y la verdad fuera un logro ajeno al arte, nos hallaríamos ante una acción reducida a mera destreza o habilidad. Y aunque el concepto de *destreza* indica una habilidad que puede no estar del todo exenta de apreciación artística, no es, sin embargo, por sí sola suficiente para crear una obra de arte. En la *creación*, la subjetividad se activa plenamente

---

[14] Isaacson declara: "Para nosotros poesía, belleza, verdad y libertad son términos coincidentes" (*El poeta en la sociedad de masas* 12).

desplegando su potencial en el juego completo de facultades cognoscitivas y emocionales.

Si la poesía dista de ser un producto mercantil, cabe reconocer, por otro lado, que tampoco se identifica con el verso necesariamente, pues puede no aparecer en él; ni el verso garantiza su presencia ni la prosa significa su ausencia. Si no fuera "el impulso originario de todo proceso creador", observa Isaacson, quedaría reducida a "un mero conjunto de reglas retóricas, y el arte en cuyo embrión no aliente la poesía podrá ser, a lo sumo, el resultado de una buena habilidad artesanal, pero sólo eso" (*El poeta en la sociedad de masas* 13).

Por encima de un producto con fines de mercado, y por encima también de un recetario para el discurso lírico, José Isaacson resalta el arte a lo largo de su ensayística por su dimensión cognoscitiva y, en pleno acuerdo con Hegel, sostiene que la belleza es "la forma sensible de la verdad" (68). Coincide también con uno de sus poetas admirados, John Keats, recordándonos los versos con los que el poeta inglés cierra su famosa "Ode on a Grecian Urn": "*'Beauty is truth, truth beauty,' that is all / Ye know on earth, and all ye need to know*" (Keats, 289).[15] Keats vincula términos que llegan a ser esenciales en la estética de este poeta argentino. La belleza acompaña la afirmación ontológica del ser. El conocimiento de la realidad, el progresivo despliegue de sus tanteos cognoscitivos, se vinculan con la experiencia de lo bello. Verdad y belleza se convierten en conceptos que permiten elaborar la tesis de la unidad de la cultura, ya que son varias las vías de acceso al conocimiento. Isaacson resume su propio planteamiento de la siguiente manera:

---

[15] Son varias las ocasiones en las que Isaacson hace referencia a Keats. Pueden consultarse como ejemplos *Antropología literaria* (154) y *Para una ontología de la industria cultural* (60).

Cuando Buber declaró: *Al crear descubro*, me señaló la pista por seguir para estructurar una estética de la persona y, al mismo tiempo, una poética del conocimiento. Sin proponérmelo, en forma implícita, logré reunir la belleza y la verdad proclamadas por Keats, con la esencial belleza de la verdad predicada por Buber (*Para una ontología de la industria cultural* 60).[16]

Siendo la poesía la forma emocional del conocimiento, su misión abre nuestros sentidos permitiéndonos nuevas e ignotas versiones de la realidad. Varias son las implicaciones de esta postura. Por un lado, señala una vía de *descubrimientos* en la creación misma, por otro, revela una vía de total *entrega*. Delineamos aquí estas dos vertientes principales.

Obra clave dentro de la ensayística de Isaacson, *El poeta en la sociedad de masas* marca pautas que seguirá desarrollando a lo largo de su producción. Uno de los puntos de vista indicados sostiene, por ejemplo, que ver en el arte exclusivamente una invención fantasiosa de la realidad es limitar su alcance. Si aceptamos la proposición *al crear, descubro*, cabe afirmar entonces que las formas *inventadas* por el arte nos permiten *conocer* el mundo (13). Y esas maneras de conocer son múltiples. Nada más lejos de la posición isaacsoniana que reducir el arte y el conjunto de las actividades humanas a un nihilismo irracionalista. Nada más lejos también que limitarlo a un rígido intelectualismo. Al contrario, la tesis propuesta se caracteriza por una visión unitaria del conocimiento; por el modo como las ramas de la conciencia se integran bajo un mismo tronco. Vuelve a detectarse, de esta manera, el pensamiento de Spinoza en tanto que lo *Uno* se proyecta en lo *Múltiple*. Se establece una dialéctica en la que cada

---

[16] La cita original de Buber es: "*Schaffen ist Schöpfen, Erfinden ist Finden. Gestaltung ist Entdeckung. Indem ich verwirkliche, decke ich auf*" (*Ich und Du* 17).

elemento del universo es un punto de vista o un modo del Ser; o si preferimos el lenguaje leibniziano: una mónada del Ser. Conecta aquí Isaacson también con el culto del pueblo judío al Libro: "La axiología basada en la existencia, visible en mis textos, tiene lejanos e ilustres antecedentes, que se manifiestan ya en las primeras líneas de la Escritura" (*Antropología literaria* 7).

La identificación de lo bello con lo existente enlaza a su vez el pensamiento de Isaacson, como él mismo señala, con Macedonio Fernández, para quien la *existencia* supuestamente es *beldad*.[17] Se hace necesario aclarar aquí, no obstante, una idea que no debemos perder de vista. Desde una dimensión dialéctica, es importante precisar que para Isaacson la relación entre verdad y belleza ha de entenderse como *equivalencia*, ya que la identificación puede llevar a reduccionismos racionalistas. A diferencia de la lógica formal, la razón dialéctica nos permite ver la equivalencia en el área de las trasformaciones, mientras que la identidad puede conducir a una visión inmovilista.[18]

El descubrimiento de la belleza, según Isaacson, equivale a tomar conciencia del esplendor de la verdad. Si la estética –acercándose a las diversas trasformaciones de la verdad y, por lo tanto, a los diversos despliegues del conocimiento– no se restringe al ámbito de lo bello, ¿podríamos plantear una supuesta identificación con la ciencia? La respuesta de Isaacson es negativa. El objeto de la ciencia, según él, es la búsqueda de la verdad, no el de la belleza (*Antropología literaria* 152). Al ser su enfoque la esencia de lo real y su objetivo el conocimiento, la ciencia prescinde de la forma; mientras que en la estética es la *forma* la que precisamente nos abre su horizonte. Ahora bien, si la belleza coincide con lo existente, y lo existente

---

[17] Ver *Macedonio Fernández, sus ideas políticas y estéticas*.
[18] Ver *Antropología literaria* 8.

es la forma de la verdad, "paralelamente puede afirmarse que la belleza es la forma de la verdad" (153). No es de extrañar, por consiguiente, que Isaacson conciba la estética como "uno de los rumbos del conocimiento" (153). Dista mucho esta visión de la postura acéfala que se encuentra en el irracionalismo contemporáneo. Tampoco es propicia a favorecer una vía exclusivamente racionalista para la comprensión del hecho estético, dado que la inspiración resulta ser un fenómeno envolvente e integrador.

Se resalta una vez más el horizonte de la *póiesis*. Bajo este planteamiento, según se ha venido indicando, más que un género literario reducido a un manojo de reglas, se entiende la poesía por la amplitud de su sentido estético, es decir, como la forma emocional del conocimiento y el denominador común de las artes. No hay duda de que estas tesis son fundamentales en la propuesta humanística de Isaacson. Importante es además subrayar que, en conjunción con estas ideas, Isaacson ve en la naturaleza de la *póiesis* la esencia de la escritura. Para dicha postura, por consiguiente, el despliegue de las manifestaciones artísticas responde, en su variedad y alcance, al espíritu de la *póiesis*, biblioteca donde las emociones y la intelección sueñan sus *textos*. Su ser es la expresión y la comunicación que, como un puente, nos lleva a la otra orilla; en este caso, a la orilla del Yo-Tú, relación que da medida al ser humano.

Desde un punto de vista teológico, el universo viene a ser el Libro que Dios escribe y por medio del cual el ser humano entabla sus diálogos y descifra sus secretos. Se trata de una visión que Isaacson comparte con Borges desde un interés común en la cábala y el misticismo judío. Libro y Belleza, misterio y asombro, se manifiestan en la afirmación spinoziana de lo existente. La versión estética de la realidad se encarna en las múltiples manifestaciones de la *Escritura*.

Insiste Isaacson en *Antropología literaria* que la *póiesis*, como forma singular de la praxis, "es igualmente aplicable a todas las textualidades artísticas". Por esta razón, aboga por la formulación globalizadora del ámbito estético, "más allá de las diferencias elocutivas" (3). Y la escritura, el texto, se concibe como un interlocutor vivo, permitiendo un diálogo con múltiples variantes. La visión que se revela en esta postura no deja de ser estimulante por el dinamismo que enfatiza. Así, por ejemplo, la percepción de una obra de arte varía con los años, no ya para distintas generaciones, sino para un mismo individuo. "Un texto *en funcionamiento* –confiesa Isaacson– nunca es igual a sí mismo. Mi lectura del *Génesis* difiere esencialmente de la que podían realizar mis abuelos; difiere, incluso, de la que realicé ayer y difiere de la que pueda efectuar en un presunto mañana" (*Introducción a los* Diarios *de Kafka* 2). La movilidad de la percepción enfatiza la riqueza de un diálogo manifiesto en indefinidas variantes.

El carácter dialógico de la *póiesis* es fundamental en la obra de Isaacson. El *texto* define el corazón del arte y, como tal, se convierte en una mediación entre el *autor* y el *receptor*.[19] Bajo esta visión, el arte, la ciencia, la filosofía y la mística, por ejemplo, son lenguajes que, dentro de su diversidad, expresan la realidad y transforman nuestra intelección sondeando la conciencia de un determinado estadio del fluir de la historia. Desde una partitura musical de Mozart o una obra dramática de Shakespeare, por ejemplo, a una obra pictórica de Velázquez o de Rembrandt, la *póiesis* deja la huella de encuentros, de relaciones personales que perfilan el rostro humano en el devenir de su historia.

"Cada obra de arte –sostiene Isaacson– es el testimonio de un encuentro único, personal y particular"; testimonio

---

[19] Ver el segundo capítulo "Elementos para una antropología literaria" de *El poeta en la sociedad de masas*.

que es, en última instancia, poema fraguado en el diálogo (*Antropología literaria* 14). Por esta razón, el concepto isaacsoniano de *persona* protagoniza el hecho estético. Se propone de esta manera "una nueva intelección de los fenómenos literarios, y aun artísticos, como expresión dialógica" (*El poeta en la sociedad de masas* 30). Llegamos aquí a la otra vertiente del arte señalada anteriormente, a la manifestación artística entendida como plena *entrega*.

Una cultura sin diálogo es una cultura muerta, despersonalizada. Siguiendo las pautas de Buber, Isaacson confirma que la presencia del interlocutor sella el grado de humanidad de una sociedad. Se subraya aquí la incorporación de la *libertad* en la propuesta de una visión humanística protagonizada por un énfasis en la persona, encarnada en la relación del Yo-Tú. La belleza y la verdad, en conjunción con la libertad, sellan el arte. El individuo robotizado y marcado por la enajenación no puede dar rienda suelta a sus facultades. Impedida su capacidad de expresión por la fuerza de imposiciones y manipulaciones externas; impedidos sus recursos de crecimiento; impedida y amortiguada su visión, su sensibilidad, ¿qué cabe esperar?

Lejos de demagogias, el poeta –según Isaacson– debe convertirse en el espíritu y guía de su tiempo, acentuando –en primer y último término– la libertad. El naufragio de la tradición humanista acaece en un entorno social donde las artes se sustituyen por intereses que niegan el descubrimiento del diálogo.

Entender los fenómenos artísticos como expresiones dialógicas viene a ser la propuesta para rescatar la vida humana en una sociedad alienada por la masificación. Urge por ello convocar en el quehacer poético el potencial humano, sin menguarlo a expensas de intereses ajenos al arte.

La poesía, entendida como *póiesis*, supone la expresión de nuestra subjetividad en pleno; una subjetividad "golpeada por todos los vientos del mundo: individuo y sociedad; átomo y galaxia; realidad íntima u objetiva", porque –volviendo a Terencio– nada humano nos es ajeno, menos aun el arte.[20] En el desarrollo de tal planteamiento, se hace de esta manera referencia a la entrega *total* de nuestro ser. Posibilitar tal entrega es posibilitar el arte: "No llegaremos nunca a la poesía por sustracción; todo lo que se sustrae a la poesía, la empobrece" (*El poeta en la sociedad de masas* 52). En esta vertiente de la *póiesis* reside precisamente su pureza: su capacidad de manifestarse en una realidad multiforme y rica, en la multiplicidad de lo existente.

Recuerda en varias ocasiones Isaacson las reflexiones que Antonio Machado hace en sus escritos y, especialmente, en el prólogo a *Soledades*, donde declara que la poesía equivale a "una honda palpitación del espíritu" (68). Recogemos aquí las palabras del poeta sevillano, citadas con profundo acuerdo en la primera obra ensayística de Isaacson:

> Pensaba yo que el elemento poético no era la palabra por su valor fónico, ni el color, ni la línea, ni un complejo de sensaciones, sino una honda palpitación del espíritu; lo que pone el alma, si es que algo pone, o lo que dice, si es que algo dice, con voz propia, en respuesta al contacto del mundo. Y aún pensaba que [...] puede sorprender algunas palabras de un íntimo monólogo, distinguiendo la voz viva de los ecos inertes; que puede también, mirando hacia adentro, vislumbrar las ideas cordiales y los universales del sentimiento (*Poesías completas* 68; *El poeta en la sociedad de masas* 50).

Solamente se posibilita la verdadera intelección de la realidad con la entrega del ser entero en la creación; con el pleno ejercicio de facultades, libre de atrofias y restricciones

---

[20] Estas ideas se desarrollan en *El poeta en la sociedad de masas* (71). Hemos hecho referencia a Terencio a través de Hegel y Unamuno anteriormente.

impuestas por un entorno despersonalizado. Por esta razón, los símbolos, las metáforas y los elementos alegóricos de la expresión poética son, tanto para Machado como para Isaacson, "directas intuiciones del ser, de ahí su pureza".[21] Una de las consecuencias que se desprende de la perspectiva presente instala el lenguaje *puro* en la expresión poética. En la nitidez y ligereza de tal adquisición se alza el vuelo:

> Desciende
> hasta nosotros
> para que podamos ascender contigo
> a la región más alta
> donde se cumplen los sueños (*Elogio a la poesía* 19).

La actividad creadora se convierte en el ámbito del devenir humano. Es su morada, espacio donde anida la paradoja, donde trascendencia e inmanencia se encuentran en los confines y amplitud de la palabra. Siguiendo los pasos de Gaston Bachelard, puede concebirse este espacio poético desde los abismos de su verticalidad, en tanto que el poeta desciende a la sima de su conciencia y escala las torres de sus sueños: "Yo soy la ignota escala / que el cielo une a la tierra", canta una de las *Rimas* de Bécquer (Rima V, 116).[22] El sentido puede ser el mismo.

En *Introducción a los* Diarios *de Kafka*, Isaacson señala que la escritura reviste en este inigualable poeta un carácter sagrado, convirtiéndose en la justificación o redención de su propia existencia. Todo interés ajeno a la entrega, a la escritura misma, se funde en el mundo de la vacuidad. Escribir es, según Isaacson, escribir *con* y *desde* el ser entero, sin restricciones ni excepciones, ya que "[c]ada palabra es arrancada desde los recintos más recónditos de nuestro espíritu" (3).

---

[21] *Poesías completas* 72; *El poeta en la sociedad de masas* 51.
[22] Véanse las observaciones que Isaacson hace sobre Bachelard en *Antropología literaria* (44).

Gracias a la mediación del texto, existe la posibilidad de un *diálogo*; gracias a las manifestaciones del arte y de la ciencia, es posible un verdadero encuentro. Dicha empresa, para tener tal capacidad, exige la sangre y el alma del poeta, porque el horizonte al que apunta su búsqueda lo merece.

CAPÍTULO 2
VOCACIÓN EN EL JORDÁN PORTEÑO

2. I. SOBRE RAÍCES

Mis abuelos construían una torre.
Hilada sobre hilada mis abuelos construían,
hilada sobre hilada construían,
cantando construían,
llorando construían,
construían...

José Isaacson, "La Torre" 59.

Además de los poemarios en los que José Isaacson convierte a Buenos Aires en musa asidua y lugar de referencia personal, el interés que muestra este escritor por la cultura argentina es del todo evidente a lo largo de su producción literaria. Varias obras monográficas centradas en escritores emblemáticos de la cultura argentina, antologías críticas de poetas argentinos, estudios sobre el progreso de la ciencia y de la técnica en la cultura rioplatense, así como ensayos sobre la Argentina, dan amplia muestra de un escritor comprometido a lo largo de los años con sus raíces culturales.[23]

---

[23] Para más información, consultar el capítulo 3 y la lista de datos biográficos al inicio del presente volumen. Teniendo en cuenta que el interés en la filosofía, la literatura y la sociología predomina en la mayor parte de la ensayística de Isaacson, apuntamos por categorías la siguiente lista de obras:
(a) Estudios monográficos:
Macedonio Fernández, sus ideas políticas y estéticas (1981); *Encuentro político con José Hernández* (1983); *Borges entre los nombres y el Nombre* (1986); *José Hernández. El senador Martín Fierro* (1998).
(b) Antologías:
40 años de poesía argentina (1920-1960) (Tomo I, 1962; Tomo II, 1963; Tomo III, 1964); *Poesía de la Argentina: de Tejeda a Lugones* (1965); *Geografía lírica argentina; cuatro siglos de poesía* (2003).
(c) Estudios culturales:
La Argentina como pensamiento (1983); *Luis Augusto Huergo. Primer ingeniero argentino. La ciencia y la técnica en el proceso cultural del Río de la Plata* (1993).

Necesario es destacar también, en cuanto a raíces se refiere, los lazos que unen a Isaacson con la tradición cultural judía. En efecto, además de un interés medular en la filosofía, la lírica de este poeta revela, por un lado, una asidua afición a Baruch Spinoza, Martin Buber y Franz Kafka –tres figuras clave de su pensamiento–, y por otro, deja entrever una fuente de inspiración, no menos significativa, que mana fundamentalmente del libro del *Génesis* y de los *Salmos*. Se añade, por lo tanto, a la identidad porteña –o para ser más justos: a su identidad argentina, bien manifiesta en su obra– otra importante raíz, que une a Isaacson con la comunidad judía, en especial con planteamientos filosóficos y bíblicos que han estimulado y marcan vitalmente su producción. Dada la amplitud y profundidad de este tema, sólo es posible bosquejar aquí algunas de sus manifestaciones más destacadas. Veamos, a manera de síntesis, la conjunción de vertientes intelectuales y biográficas en este poeta.

Los padres de José Isaacson, Isaac y Blume –educados los dos en el seno de familias judías–, emigraron a la Argentina desde Ucrania en el año 1921.[24] Hijo único, el poeta se vio rodeado del cuidado atento de sus padres, pendientes siempre de su formación. Ya desde su infancia, se vio rodeado también de un hecho principal que marcaría su vida y su carrera: la biblioteca de la familia. "Mi padre me enseñó a leer; mi madre a pensar" son palabras frecuentes en la nostálgica recreación que el poeta hace del entorno familiar. Blume, mujer con exquisita educación políglota, encauzó a su hijo en el camino del trabajo

---

[24] En Blume confluía también el origen sefardita. Madera era el apellido de Juliana, la abuela materna de Blume. Isaacson honra a su madre en sus poemarios, incluyendo su nombre al inicio de sus publicaciones. Blume fallece el 18 de junio de 1993.

y del sacrificio.²⁵ Además de ejercer como profesor, don Isaac tuvo la oportunidad de seguir su pasión literaria, trabajando como periodista y traductor. Atento siempre a las novedades de las editoriales más destacadas, fue acumulando a lo largo de los años nuevos ejemplares para su biblioteca, obteniendo una voluminosa colección de textos literarios y de obras maestras en diversas lenguas europeas.²⁶ Similar al caso de Borges, la biblioteca paterna fue un hecho decisivo en la vida de Isaacson. Se trataba de una circunstancia excepcional. Don Isaac tenía especial interés en la literatura británica. Cuando vivían en el barrio de Flores, en Buenos Aires, José leyó de joven, con pasión, los volúmenes de la biblioteca. Llegó así a compartir con su padre un gran interés por Shakespeare, Shelley, Keats, Bernard Shaw, Goethe, Dante y otros clásicos de la literatura europea y americana. Como Borges, Isaacson tuvo la oportunidad de crecer en un recinto familiar inconcebible sin la presencia y el diálogo continuo de los libros: "Tuve la suerte de nacer

---

[25] Isaacson recuerda a su madre como lectora de la literatura inglesa, rusa, francesa, castellana... "Sí, mi hijo, hay que trabajar." Es uno de los consejos que, con frecuencia, evoca el poeta al recordar a su madre: "Me enseñó la ruta". Declaraciones hechas por el autor a Marina Martín, el 4 de diciembre de 2011, en Buenos Aires.

[26] Además de su labor periodística, el padre del poeta dejó varios escritos en los que se destacaba su papel de traductor. Publicó libros de ensayos sobre literatura y arte. Integró las redacciones de *Die Presse* y de *Idische Zeitung*, entre otras publicaciones. "Mi padre era una biblioteca andante. Maestro vocacional, fue un permanente buscador de conocimientos. Lo respetaban. Y valoraban sus útiles conocimientos idiomáticos; traducía ensayos. Mantuvo amistad con Raimundo y María Rosa Lida, entre otros, y con exiliados intelectuales españoles de la Guerra Civil. Su fuerte era la Biblia." Declaraciones hechas por el autor a Marina Martín, el 2 de diciembre de 2011 en la residencia del poeta en Buenos Aires. Don Isaac fallece el 15 de noviembre de 1963. Consultar el capítulo 4, pp. 73-75 para un análisis del poema "Esperando la flor de un palo borracho".

en una biblioteca; mucho de lo que gané, no lo gané; me lo regalaron".[27]

Además de su entusiasmo por la literatura británica, don Isaac comunicó a su hijo una fascinación por la literatura hebrea, en especial por la Biblia: "Si a esto agregamos que la Biblia me fue enseñada, no como un breviario, sino como guía para el pensamiento, el regalo es inenarrable".[28] Cabe observar aquí que la biblioteca de Isaacson contiene numerosas versiones de la Biblia, entre ellas, ejemplares en hebreo, ruso, italiano, griego, castellano y alemán. Tampoco faltan versiones en inglés y en francés.[29] Llegamos aquí a uno de los pensamientos que suele visitar las conversaciones con Isaacson: ¿por qué Occidente no ve en el Libro la cuna de su cultura? Para este poeta, se trata de una cuestión que debe explorarse profundamente y de manera ecuánime.[30]

El impacto de la cultura judía en José Isaacson no hace más que añadir riqueza a su obra, abriéndola a los amplios horizontes que en ella se detectan. Bien sea de manera simbólica, o bien sea en la entonación o reminiscencia de un canto bíblico, o bien conjuntamente, puede decirse que toda su obra lleva, de manera creativa, tal sello de identidad, a la vez que revela un latente compromiso con sus raíces.

---

[27] Declaraciones hechas por el autor a Marina Martín, el 8 de diciembre de 2011, en una visita a la biblioteca familiar en la residencia de Isaacson en Buenos Aires.

[28] Declaraciones hechas por el autor a Marina Martín, el 1 de diciembre de 2011, en Buenos Aires.

[29] Hay un ejemplar en tagalo también. Las versiones indicadas son los volúmenes visibles en la biblioteca del escritor. No se descarta la existencia de versiones y ediciones adicionales en otras partes de la residencia familiar.

[30] Apuntamos las siguientes declaraciones: "Cuando se habla de las culturas clásicas de Grecia y Roma, se olvida que, más allá, un libro llegó a ser el Libro; más allá de todas las murallas, se convierte en el Libro de los libros, porque es el libro de cada uno, convertido en el Libro, en el que coexisten todos los libros y cuyas páginas se reproducen todos los días, en cada instante". Declaraciones hechas por el autor a Marina Martín, el 8 de diciembre de 2011.

Desde los inicios de su lírica hasta su obra más reciente –*i. e.*, *Poemas medidos por el tiempo*, donde el tema despunta sutilmente–, los lazos que unen a Isaacson con la tradición cultural del pueblo judío son profundos. Esto no quiere decir que dirija su obra a un grupo de lectores en exclusiva. Nada más lejos de la riqueza polisémica de su lírica y del canto utópico que caracteriza gran parte de sus poemarios:

Mis abuelos construían una torre...

Cada vez más arriba, más arriba...

Con mortero de sangre
y de ceniza,
cada vez,
cada vez más arriba...

Para decir hermano
a cada pueblo;
para decir hermano
a cada hombre;
para decir hermano
a cada raza;
para decir hermano, hermano, hermano
cada vez más arriba,
de canto a canto
sigue creciendo más alto,
más alto, más alto ("La Torre" 60-61).

Este poema, incluido en el volumen *El metal y la voz*, a la vez que abandera el canto de su pueblo, representa el alcance humanístico y el espíritu de solidaridad que caracteriza su producción literaria. También incluido en este volumen, "Los muros" ilustra de manera ejemplar la apertura del texto isaacsoniano. Enmarcado este poema con un epígrafe procedente de Iosua-VI-20, se evoca aquí la fuerza de la *unión* en la comunión de ideales o de identidad. Dicha unión puede tomarse desde un sentido restringido y en sintonía con el epígrafe, o puede interpretarse desde su vertiente más amplia, apelando a la solidaridad de los pueblos para alcanzar un mismo fin.

Si podemos hablar del triunfo sobre el escepticismo, sólo puede llegar a ser posible, según Isaacson, a través de la afirmación del Yo-Tú, de la unión y del diálogo que trae consigo la relación. No es de extrañar que el carácter polisémico del texto acoja en su obra diversos niveles de lectura. Se enfatiza, en todo caso, la *unión*:

[C]omo si todos los corazones
ritmaran un único latido,
como si todas las víctimas
juntaran sus manos en un solo puño.

Con estos metales forjaremos nuestra voz,
con estos metales
forjaremos la voz que abatirá los muros (*El metal y la voz* 37).

La crítica literaria ha de tener en cuenta también que el texto es para este escritor una entidad dinámica y viva; una realidad, como manifiestan sus estudios sobre Kafka, *abierta* al conocimiento y a la creación a través del *encuentro* y, por lo tanto, del diálogo. Cabe considerar, de esta manera, la inclusión en *Cuaderno Spinoza* del género epistolar, ya que son varios los poemas concebidos en forma de carta, entre los que destacan sus cartas a Spinoza y las composiciones dedicadas a Maimónides.

Con frecuencia, la poética de Isaacson invita sutilmente a una reinterpretación dinámica de textos en la que el diálogo tiende puentes. En la constante devoción a la filosofía que muestra su obra, se comprueba una explícita orientación hacia el pensamiento del sefardita holandés, como se indica en *Cuaderno Spinoza*. Se abren aquí las puertas al diálogo; se detecta un encuentro con Maimónides y un profundo interés en el descubrimiento de conexiones abiertas a la interacción entre Spinoza y Buber.

Puede comprobarse también que la obra de Chagall, por otro lado, dialoga con los mitos bíblicos que frecuenta la poética de Isaacson. Como ocurre en el inicio de su lírica –*i. e.*, en "¿Llegaré a tu orilla?" y "Sin lágrimas", los dos últimos poemas de *El metal y la voz*–, vuelve a aparecer la denuncia en las composiciones dedicadas a Chagall; vuelve a constatarse el dolor del pueblo hebreo y el desastre sembrado por el horror y la violencia:

> Las cenizas
> borraron los nombres y las huellas.
>
> Hasta los mapas fueron incendiados.
>
> No hay brújulas
> capaces de situarlos (*Poemas medidos por el tiempo* 21).

Pero de la misma manera que Buber representa –en su diálogo con Dios– el destello de la esperanza, también los poemas dedicados a Chagall se inspiran en el *rescate*. Isaacson ve retratada tal perspectiva en la celebración del color y en la cándida nostalgia de sus lienzos: "Con los colores que sembraste / renació la alegría" (21). Paz, liberación y vida se vinculan en el trazo de una idea que orienta la poética de Isaacson encauzando su ritmo sereno, e inspirando los pasajes de mayor lirismo dramático.

Poemas del conocer recoge, por otro lado, un canto al pueblo de Israel, representado en "Jacob", una composición que se distingue por su emoción y el tono afirmativo de su leyenda. De nuevo, la apertura del texto permite trasladar su mensaje a otros espacios de relación; a un encuentro con el prójimo, porque el ser humano

> [H]a de tener un nombre
> y ése es su destino.
> Y aunque no sepa

> el nombre del ángel con quien lucha,
> la lucha que nos marca
> es la que importa.
> Sólo ella
> permite que dejemos
> nuestra huella
> en los largos caminos de la noche (118).

Cala hondo el sentir poético que reúnen las metáforas en esta emblemática composición; su vuelo metafísico, sin descartar el sello platónico del *destierro* –simbolizado por la *noche*–, se adentra en los parajes del mito bíblico, factor imprescindible en la formación de la cultura occidental.

El concepto del Origen tiene amplias resonancias en la lírica de Isaacson. Es el punto de unión de varias posturas teológicas. En él convergen vertientes procedentes de reflexiones cabalísticas, creencias bíblicas y tesis neoplatónicas, sin olvidar el impacto de las doctrinas teológicas de Baruch Spinoza y Martin Buber. "Un fuego negro sobre un fuego blanco", poema incluido en *El Pasajero*, alude desde un punto de vista cabalístico a la creación como *escritura*; se hace referencia de esta manera a uno de los mitos bíblicos más frecuentados y de mayor riqueza en la poesía de Isaacson, como es el mito de la creación. Según la tradición cabalística, la acción de un fuego negro sobre un fuego blanco compone las *letras* que escriben el Texto sagrado, ordenando los elementos y construyendo el universo. El discurso poético en este caso, tal como sugiere el texto del poema, intenta emular la escritura divina en el acto creador:

> Impensable aspiración
> de estas palabras
> que quieren explicarme:
> competir con aquellas
> que ordenaron
> los dispersos elementos,

competir con aquellas
que emanan
del Ser que Es (83-84).

En lo que concierne a la creación artística, Isaacson subraya con ironía el paralelismo y el contraste –"impensable aspiración"– de la escritura humana con la escritura divina, pero ante todo, parece reforzar la idea de *necesidad* con la sutil apelación al *Deus sive Natura* de Spinoza, indudable telón de fondo de sus reflexiones teológicas.

El respeto hacia la palabra es una constante en la obra de Isaacson. El poema "Un fuego negro sobre un fuego blanco" expresa explícitamente y sin equívocos tal idea; la palabra, aunque limitada y precaria, es también poderosa:

> Porque enorme
> es el poder de las palabras
> fue ordenado
> que el Nombre
> no se pronuncie en vano (*El Pasajero* 83).

La cautela hacia la palabra que Isaacson propone nace de diferentes contextos culturales. En parte se deriva de una postura escéptica, abierta al descubrimiento y al diálogo; propuesta encaminada hacia una acción constructiva, lejos de cualquier posición nihilista. Pero también deriva su postura del temor hacia un arma tan peligrosa como puede ser la palabra. La vida depende de su uso. Los amargos desastres que la historia depara surgen con asiduidad en las páginas de Isaacson:

> Las armas asumen extrañas formas, y a pesar de la pluma débil, la palabra puede ser tan fuerte, que todo el sistema se conmueve. No pocas hogueras fueron encendidas para acallar las *palabras fuertes*, y no sólo los textos impresos fueron el combustible utilizado por el poder corruptor y detestable (*Introducción a los* Diarios *de Kafka* 8).

No es posible enumerar aquí ni analizar con la amplitud debida los textos relacionados con las raíces culturales de Isaacson. Valga subrayar que en los ensayos que dedica con devota admiración y hermandad a Kafka, este escritor checo llega a encarnar en las páginas de Isaacson, de manera extraordinaria y entrañable, el latido del pueblo judío. Presente está también este latido en *Plegarias*.[31] La estructura dialogada del rezo representa en todo el poemario la búsqueda del Nombre, del Origen. Y es ésta, al parecer, una búsqueda que se torna en canto y celebración; una meta quijotesca e irrenunciable; meta, al fin y al cabo, insigne por estar destinada a trazar el misterio del lenguaje divino, del Libro.

---

[31] Consúltese el último capítulo de este volumen para información adicional.

2. II. POESÍA EN BUSCA DEL ORIGEN

> Náufrago
> en Tu firmamento me aferro
> al cotidiano milagro que me ofreces
>
> José Isaacson, *Plegarias* 55.

El Pasajero, una de las obras relativamente tempranas de José Isaacson, publicada en 1969, incluye a modo de nota autobiográfica el poema "Partida de nacimiento". Este bosquejo introductorio, diseñado como una franca carta de presentación, no deja de ser significativo a la hora de entender los diferentes factores que se conjugan de manera unitaria e indisoluble en su obra.[32] Reproducimos parcialmente el texto para apuntar la ya explícita o implícita alusión a dichos factores:

> Aquí,
> yo,
> Isaacson,
> asumo
> la primera persona.
> Si hace falta un por qué,
> puedo decir:
>
> 1) Quiero nombrarme
> porque desde el primer día,
> o desde el día sexto
> para ser más preciso,
> ha sido ésa
> la forma de existir.

---

[32] Como se ha indicado, son varias las vertientes que se incorporan en la lírica de Isaacson. Destacamos principalmente en ellos su invariable orientación filosófica, sus lazos con el judaísmo y la significativa presencia que adquiere la ciudad de Buenos Aires.

2) Para fijar
los límites
de un yo
determinado.
Difícil intento.
Para eso debería
conocer el sabor de la nada
que sucederá a mis días.
O mejor,
el sabor de los días
que exceden
mi posibilidad de memoria (23).

Desde el inicio, tanto en la estrofa introductoria –"Aquí, / yo, / Isaacson, / asumo / la primera persona"– como en el primer apartado del poema –encabezado llanamente con un explícito deseo: "Quiero nombrarme"–, el proceso de lectura se ubica dentro de un contexto marcadamente filosófico y bíblico. El texto teje aquí la desnudez expresiva de unos versos sucintos, dotados a la vez mágicamente de una fuerte carga semántica. Una tupida red intertextual enlaza en el poema la alusión al *Génesis* con la sutil evocación de planteamientos epistemológicos contemporáneos en torno al lenguaje. A su vez, de manera implícita, asienta Isaacson en la afirmación de la *persona* los postulados de un nuevo humanismo, como muestra ampliamente su ensayística.[33] Se trata de una afirmación ontológica primigenia, basada tanto en la elementalidad como en el misterio del ser.

El pronombre personal de primera persona afirma un *cogito* cartesiano que existe en tanto que *nombra*, es decir, en tanto que se comunica y se relaciona con un Tú. El yo se afirma en su estatuto de *relación*, instalando el binomio buberiano Yo-Tú en el lenguaje. La *res cogitans* existe en

---

[33] Como se ha tratado en el primer capítulo, varias son las obras ensayísticas que desarrollan el tema, por ejemplo, *El poeta en la sociedad de masas. Elementos para una antropología literaria* (1969); *La revolución de la persona* (1980); *Antropología literaria. Una estética de la persona* (1982).

tanto que es capaz de nombrar; es decir, en tanto que es capaz de *ser*, que es un *estar* en el ámbito de la comunicación, del lenguaje. Conviene observar, de este modo, que la alusión bíblica se conjuga de manera inseparable con un pensamiento filosófico enmarcado dentro de una corriente idealista, arraigada en la doctrina de Martin Buber. Si engarzamos el poema con el conjunto simbólico de la obra de Isaacson, podremos vislumbrar el concepto ontológico del ser spinoziano y, por supuesto, presentiremos a Kafka, ya que en último término, la empresa de conocerse a sí mismo es un objetivo tan inalcanzable como necesario.

Conciencia, lenguaje y existencia se cifran en la acción de nombrar, función que limita la realidad humana y la posibilita. El *tóde ti* aristotélico lleva irreductiblemente la marca del misterio; lo innombrable es en último término inapresable; yace más allá de la realidad humana, realidad asentada en el lenguaje, en los límites que la definen. Ahondar en el *yo*, en la identidad personal –según se colige de los versos de José Isaacson–, equivale en última instancia a lanzarse en el buceo de un mar sin fondo.[34] Fijar los límites de la realidad

---

[34] Es éste otro lazo importante que une a Isaacson con Borges, aunque expresado de manera diferente en cada uno de estos dos grandes pensadores. Véanse, por ejemplo, dentro de la ensayística de Borges, "El tiempo y J. W. Dunne" y "Nueva refutación del tiempo", los dos incluidos en *Otras inquisiciones* (1952). Con la concisión y la erudición que le caracteriza, Borges sintetiza argumentos en "El tiempo y J. W. Dunne" que cuestionan las demarcaciones del yo. Bebiendo de fuentes hindúes, Borges niega aquí que el yo pueda ser objeto inmediato del conocimiento, "porque si fuera conocible nuestra alma, se requeriría un alma segunda para conocer la primera y una tercera para conocer la segunda", cayendo así en un *regressus ad infinitum* (24). También el afamado ensayo "Nueva refutación del tiempo" niega el conocimiento del yo, cuestionando desde el planteamiento que David Hume formula en *A Treatise of Human Nature* la identidad personal, la existencia de un *yo* detrás del manejo de percepciones que se dan en la experiencia. Para un desarrollo del presente tema, pueden consultarse los artículos de Marina Martín: "Visión escéptica en Tlön, Uqbar, Orbis Tertius", en *Revista de estudios hispánicos*, 24, 1990, pp. 46-58 y "Borges, perplejo defensor del idealismo", en *Variaciones Borges*, 13, 2002, pp. 7-21.

trae consigo su inevitable distorsión. El lenguaje es a la vez refugio y prisión, posibilita la vida limitándola.

El segundo apartado estrófico revela la fascinación de José Isaacson por la riqueza del cosmos individual, llamada compartida igualmente por Borges tanto en su lírica como en su ficción. Dicho interés connota un descubrimiento lleno de asombro. El ente como tal, la mismidad de su ser individual, se torna en mina de horizontes donde el conocimiento se asienta en la pregunta.

El discurso incide aquí en la aventura quijotesca que el texto emprende: la autodefinición, la fijación de los propios límites, la demarcación de las señas de identidad personal o, en definitiva, el conocimiento de uno mismo.[35] "Difícil intento", reconoce la voz lírica con ironía; tal labor invitaría a explorar un pozo sin fondo, ya que el individuo en sí, cualquier yo determinado, excede los límites del lenguaje y, por lo tanto, los del conocimiento. Entramos, de esta manera, en la intuición de un microcosmos que, aunque ínfimo, es paradójicamente espejo infinito de un ser absoluto que lo comprende, ya sea el *Deus sive Natura* spinoziano o el *Soy el que Soy* bíblico.

Para fijar los límites de un yo determinado, "debería –canta el poema– conocer el sabor de la nada / que sucederá a mis días". Sorprendente pericia la que modela la arcilla humana... Habría que dejar de *ser* para poder conocernos; sería necesario salir de nosotros mismos y abandonar nuestra identidad, diluyéndonos en la nada. *Know Thyself*: γνῶθι σαυτόν. El oráculo de Delfos nos brinda al parecer un irónico destino en su máxima. Dar con el espejo que nos devuelve nuestro propio rostro –*i. e., ver*, en definitiva– es una meta, según desarrolla Isaacson en *La realidad metafísica de Franz Kafka* (2005), del todo vedada y del todo irrenunciable. La muerte como tal, o "el sabor de la nada", es el límite que conduce al silencio.

---

[35] Recordemos que Alonso Quijano se nombra a sí mismo, delineando con ello su meta.

De nobis ipsis silemus, cabe pensar.[36] Trascender los límites del lenguaje es una vocación de la poesía en nada ajena a Isaacson; de hecho es ésta una idea dispersa a lo largo de toda su obra y que, simbólicamente, desarrolla de manera más amplia en *Introducción a los* Diarios *de Kafka. La escritura como dialéctica de los límites* (1977). Podemos tener presente aquí, a modo de apunte, que en cierto sentido el lenguaje cotidiano *muere* en el poema para elevarse a una esfera estética y cumplir su verdadera misión.

Conviene observar que la voz polisémica de "Partida de nacimiento" ofrece, ya de entrada, en sus primeras estrofas, una doble lectura. Si por un lado nos hace llegar, con voz directa y franca, sin malabarismos retóricos, un resumen de datos personales donde el espacio geográfico y la historia personal conviven, por otro lado, dicha voz desborda las coordenadas espaciotemporales que se atribuyen de manera distintiva al poeta para devolver a los lectores su imagen, imprimiendo en ellos el sello de lo humano. Si apresar el inabarcable yo en su individualidad equivale a "conocer el sabor de la nada", también equivaldría su intelección –de ser ésta posible– a conocer "el sabor de los días / que exceden" nuestra "posibilidad de memoria", según indica el poema con otro símil (23). El pleno torrente de datos que fluye en la conciencia del vivir cotidiano, así como la incesante acumulación de experiencias que en él se revela, extrapolan igualmente la facultad cognoscitiva. Fijar los límites del yo, llegar a su intelección, connotaría –según apunta con ironía la voz poética del texto– apresar en su constante fluir los innumerables datos sensoriales que pueblan la mente, y que la memoria sólo llega a registrar parcialmente. Estos sucintos versos aluden con hondura a planteamientos filosóficos que han ocupado la mente del siglo XX. Coinciden una vez más Borges e Isaacson, como ilustra, de un modo imaginativo,

---

[36] Epígrafe que Kant, rememorando a Francis Bacon, incluye en la segunda edición de la *Crítica de la razón pura*, B II, p. 2.

el famoso cuento "Funes el memorioso". Si conocer es definir, nombrar y, por consiguiente, implica poner límites, el mundo "intolerablemente preciso" de Funes –sujeto a una memoria y a una percepción infalibles– no es apto para el pensamiento, ya que, según se observa con ironía, "pensar es olvidar diferencias, es generalizar, abstraer" (OC I, 490). Borges sintetiza en este cuento magistral planteamientos filosóficos sobre el lenguaje, la percepción y la lógica, temas centrales en la filosofía contemporánea y a los que Isaacson alude con guiños intertextuales, referencias bíblicas e implicaciones sutiles. En todo caso, el énfasis explícito en el acto de nombrar, que manifiestan las primeras estrofas de "Partida de nacimiento", transporta el proceso de lectura por medio de su compleja red de implicaciones a la búsqueda del Origen, al mito que sella la faz humana:

> El eco del Verbo fundador
> resonará en tu espacio.
> Lo que fue en el principio
> nombre antes que cosa
> continuará
> creciendo en los múltiples modos del Uno (*Plegarias* 22).

En la vida, en la literatura y especialmente en la poesía, espera la voz de Isaacson cantar "el camino sin torceduras / que nos conduzca al Nombre Bendito".[37]

---

[37] Se trata de un sistema de interdependencias, inspirado en el *Deus sive Natura* de Spinoza y en la tradición cabalística:
Adonai mismo,
El Espacio –Hamakom–
en que reside
El Hálito Sagrado –Ruaj Hakodesh–,
no tendría sentido
sin esta viva emanación
que elegir puede,
aunque no siempre resulte
tan sencillo,
el camino sin torceduras
que nos conduzca al Nombre Bendito
–Baruj Hashem– (*El Pasajero* 88).

2. III. LA PLEGARIA DE IOSEF BEN ITSJAC BEN JAIM HACOHEN

The vineyard of the Lord is the house of Israel.

Psalm 80.

En el tercer apartado estrófico de "Partida de nacimiento", José Isaacson hace referencia explícita a sus orígenes:

3) Además
debo decir que yo, José,
soy el hijo de Isaac.

Por Otro Texto
ustedes recordarán
que José
fue el más querido de los hijos de Jacob.
A la gran confusión
de estos tiempos modernos
quizá agrego
otra:
yo soy
el mayor y el menor
de los hijos de Isaac.
Por eso, Ben Iojid,
me llamaba mi padre,
y mi nombre es
Iosef ben Itsjac ben Jaim Hacohen.
Con esto apunto
que los lejanos servidores del templo
me precedieron
en la adoración del Nombre
que contiene los nombres (*El Pasajero* 23-24).

La voz poética expresamente busca compartir aquí con su interlocutor una importante pieza de información biográfica. Transmitir esta noticia es del todo necesario para acceder a una vertiente esencial de la identidad.[38] En este sentido, el poeta da a conocer la prolongación de una misión heredada: "Con esto apunto / que los lejanos servidores del templo / me precedieron / en la adoración del Nombre / que contiene los nombres" (24). Según estos versos, puede concebirse la poesía de Isaacson cumpliendo un cometido: el de ponerse al servicio del Nombre, misión tanto estética como cognoscitiva e incluso, podría añadirse, artísticamente devota. Cabe suponer de esta manera que los versos de Isaacson llegan en ocasiones a colindar con la plegaria; no en vano uno de sus poemarios lleva precisamente ese mismo título: *Plegarias* (1996). Imposible es, en verdad, prescindir del hondo sentimiento con el que el latido judaico se revela en la obra de Isaacson; es éste un sello indeleble en su producción, que impregna y enriquece sus páginas.

La postura filosófica que caracteriza la voz de nuestro poeta carece de nomenclatura específica, así como de afiliación a una doctrina en concreto. Su visión escéptica rehúye tanto los dogmas de escuela como el espejismo de las aseveraciones apodícticas. El cuestionamiento, en último término, se erige en Isaacson como un sostén kafkiano, un refugio abierto a la intemperie. Es la paradoja en Isaacson, esencialmente, un concepto *topográfico* (usando la lente de Bachelard en *La poétique de l'espace*); un espacio que revela el ser íntimo de lo humano, y que irónicamente constituye su cobijo. Más allá de las circunstancias temporales, se

---

[38] Ana Weinstein y Myriam Gover incluyen una detallada lista de la obra de Isaacson en *Escritores Judeo-Argentinos*. En el estudio *La orilla inminente*, Saúl Sosnowski incluye una amplia lista de escritores judíos argentinos, entre los que aparece José Isaacson. Para este crítico, aceptar ser miembro de un pueblo que se reconoce a sí mismo por medio de un pacto milenario, "tanto en sus estrictas vertientes religiosas como en las más porosas lecturas de la historia y la cultura, establece el preclaro signo de los orígenes y la identidad" (9).

convierte el contrasentido en morada poética. Más allá de justificaciones racionales, buscando en la incertidumbre el asilo de la conciencia –"*il ne faut plus seulement combattre des erreurs, il faut critiquer des evidences*"–, el texto "Partida de nacimiento" incluye en su credo personal la vocación lírica que el destino ha adjudicado a su voz:[39]

> Y aunque nada me explique
> y aunque nadie me explique
> y aunque sólo mis dudas me sostengan,
> estoy seguro:
> lo que es, debe ser:
> como los astros
> que giran en solitarias órbitas
> y mutuamente se sostienen (26).

No es ésta la única vez en la que Isaacson comunica en su obra la conciencia de un destino. El zigzagueante trazo de sus pasos, tanto por las calles de Buenos Aires como por los parajes de la literatura, de la filosofía y de las *Escrituras*, dibuja en su universo simbólico un rumbo intuido y aceptado con todas sus consecuencias. Ni la fama ni el ocio configuran la dedicación a un quehacer en nada arbitrario o accesorio. "La belleza no es un azar", indica Nietzsche en el *Crepúsculo de los ídolos*.[40] Es, en todo caso, un misterio dado y compartido: "Entrad en el jardín. / El perfume del azahar / no es azar en él" (24). Las leyes que rigen el universo deparan un rosario de estrellas. Está escrito. Y en el jardín, las rosas se elevan sobre las espinas.

---

[39] Esta declaración de Bachelard en su artículo "La Psychanalyse de la connaissance objective" (12) ilustra el pensamiento de Isaacson.

[40] "*Die Schönheit ist kein Zufall*" (*Götzen-Dämmerung* 148). Nietzsche añade la siguiente declaración: "[E]s preciso haber preferido la belleza a la ventaja, al hábito, a la opinión, a la pereza": "*Man muss Schönheit dem Vortheil, der Gewohnheit, der Meinung, der Trägheit vorgezogen haben*" (149).

Cuaderno Spinoza sobrepasa los límites del presente estudio. De igual manera, lo rebasan, con amplitud, los ensayos que Isaacson dedica a Kafka, pues el latido poético que en ellos se detecta acerca al lector a los profundos designios que rodean la identidad judía. Valga aquí, a modo de síntesis, hacer especial mención a una breve selección de textos. Dotada de singular belleza y magia, la historia bíblica que se poetiza en "Jacob" es probablemente una de las composiciones más destacadas de *Poemas del conocer*:

> [L]a lucha que nos marca
> es la que importa.
> Sólo ella
> permite que dejemos
> nuestra huella
> en los largos caminos de la noche.
>
> En medio de la soledad
> el joven Jacob entrevió los ángeles.
> Sólo al cabo de su largo viaje,
> de los muchos años,
> de los arduos trabajos,
> pudo luchar con el ángel,
> pudo ser Israel (118).

La última obra lírica de Isaacson, *Poemas medidos por el tiempo*, abunda en referencias a temas relacionados con la cultura judía. Desde el inicio –con la reproducción de su antiguo poema cabalístico "Un fuego blanco sobre un fuego negro"– hasta el final, con el diálogo que el poeta entabla con Adorno en "Después de Auschwitz"; desde la evocación de su viaje a Israel hasta su abierta admiración y hermandad con Chagall, pintor con alma de poeta, Isaacson sigue mostrando en esta última obra fidelidad a sus raíces.[41] La apuesta final, que se intuye en el poema con

---

[41] Primer viaje de José Isaacson a Jerusalén: 11 de enero de 1988. Segundo viaje: del 26 de noviembre de 1996 al 3 de diciembre de 1996.

el que se cierra la colección, parece ser una apuesta hacia la vida como expresión del arte, de la poesía.

La voz de Isaacson evoca también en su universo simbólico la espera mesiánica del pueblo hebreo, como muestran las primeras producciones de su lírica. Son sueños de salvación que, a la vez, representan en su texto polisémico el anhelo y la voz unísona del género humano. Como se ha visto en el poema "Los Muros", siguiendo el tono profético del epígrafe, en el que consta una referencia bíblica a Iosua-VI-20, se canta el derribo de obstáculos a través de la fuerza que otorga la unión. Los sueños forjados con la espada —el metal, el progreso científico— y la escritura —la voz, el arte— no mueren en la lírica de Isaacson, porque esperan despertar invariablemente a la utopía del mañana. Este latido se deja ver a su vez en "El arca", texto incluido en *Poemas del conocer*. Recojamos, como muestra, las dos últimas estrofas:

> Sólo el pulso compartido
> sólo yo y tú
> en un nosotros singular y único
> construyéndonos
> construirá el arca.
>
> Sólo yo y tú
> podremos ser el arca (108).

La vena judaica que recorre la lírica de Isaacson hace llegar sus múltiples ramificaciones a los rincones del ser, buscando en su centro un latido hondo, místico, de plegaria enamorada. Desde *Las canciones de Ele-í* hasta las publicaciones más recientes, Isaacson une su voz al canto del pueblo hebreo a través de una compleja red de sugerencias intertextuales, ya sean ecos bíblicos o resonancias de salmos, alabanzas y rezos. La entrega de Isaacson, tanto a su país como a sus raíces culturales, deja a través de los años una huella fiel en su lírica. Corren en sus venas los sueños del pueblo hebreo, servidores del Templo, en otra Ciudad. Es suyo su dolor, como su sangre y su espera. Así lo expresa con belleza "Sin lágrimas", poema con el que se cierra *Oda a la alegría*:

> [Y] naciendo,
> tantas veces,
> podemos nombrarte ya
> porque eres nuestra, como esta misma espera
> que nos acerca día a día.
>
> Nuestra piel y nuestros huesos
> conocen los surcos donde florecen tus nombres.
> Te hemos ido construyendo,
> construyéndonos.
> Generación tras generación
> tus nombres fueron creciendo y cambiando
> y creciendo.
>
> Hemos conocido los filos más agudos
> del tormento
> y la alta dignidad del fuego se empañó
> con nuestra sangre.
> Nunca, sin embargo,
> dejamos de creer en alguno de tus nombres.
> ...
> Somos tus creadores
> y tus criaturas.
> En cada uno de nuestros pasos
> te hemos ido sembrando
> para que algún día,
> ahora,
> quienes hemos conquistado
> el cereal y el fruto y el fuego
> y el metal
> y la voz
> que te fue cantando
> y añorando
> y descubriendo,
> unidos en un haz

>   de puños invencibles,
>   en todos los pueblos del mundo,
>   con todos los pueblos del mundo
>   vayamos a tu encuentro,
>   alta señora sin lágrimas (*El metal y la voz* 81-83).

El dolor y la dicha aparecen de manera inseparable en la lírica de Isaacson. Si muchos de sus versos perfilan el hondo retrato del pueblo hebreo en su errante padecer, también alcanzan los destinos de razas y generaciones. Desde la tierra santa, desde los confines domésticos del pueblo hebreo, la voz de Isaacson no es ajena al lamento de su cuna rioplatense; no es en absoluto indiferente a la opresión que aqueja el devenir de su amado "Jordán porteño". Tampoco es ajena a las quimeras y disparates engendrados en la arcilla de Adán, ya que en su canto se dan cita de manera alegórica los avatares y sueños de la aventura humana.

CAPÍTULO 3
JOSÉ ISAACSON, POETA ARGENTINO

3. I. ARGENTINA EN MI CORAZÓN

> El país argentino nos necesita a todos. La crisis que sufrimos no se resolverá si no compartimos la tarea magna de la construcción nacional. Impulsados por un sentimiento arraigado en nuestras entrañas, racionalizaremos sus problemas con todo el rigor exigido por la reflexión crítica.
>
> José Isaacson, *La Argentina como pensamiento* 1.

Asumir que Buenos Aires acapara la atención de José Isaacson en los escritos dedicados a su país es un error. El canto cordial y nostálgico de este poeta a su ciudad natal es una constante innegable en su obra. No obstante, sus ensayos sobre la Argentina –sus análisis de la tradición literaria, de los escritores o de las circunstancias sociales de dicho país– vierten comúnmente reflexiones, preocupaciones y esperanzas que muestran una arraigada devoción.

El humanismo –alentado en el fomento del diálogo y de la relación– también está presente en los escritos que inspiran el pensamiento de Isaacson sobre la Argentina. Hay en ellos una apelación al descubrimiento del *otro*, a la conquista del Yo-Tú, ya que –según este escritor– somos en la medida que estamos con el otro. De acuerdo con dicha visión humanista, lejos de ser un espectador pasivo, el intelectual debe contribuir al conocimiento y mejora de su país. En este sentido, cabe afirmar que su propia obra da muestra de tal compromiso.

Defensor de la causa socialista, aunque nunca militó en las filas de ningún partido político, Isaacson quedó –durante una estancia en Jujuy- profundamente impresionado por la explotación llevada a cabo en los altos hornos de esa provincia. Los poemas de la colección "Buenos Aires-Jujuy", incluidos en *El metal y la voz* (1956), constatan su solidaridad con los obreros. De hecho, este poemario deja ver la huella de un espíritu revolucionario, alentado por un canto de hermandad.

Sin excluir el constante interés por Buenos Aires - visible desde la publicación, en 1966, de *Oda a Buenos Aires* hasta homenajear en el año 2006, por tercera vez, a su ciudad natal con el poemario *Un lengue sobre la voz*-, Isaacson experimenta durante la década de 1960 una creciente orientación en sus escritos hacia diversos temas argentinos. La intensa vida intelectual que comparte con un círculo de escritores e intelectuales compatriotas queda reflejada en múltiples obras.

En la década de 1950, Isaacson edita la revista *Comentario*, auspiciada por el Instituto Judío Argentino de Cultura e Información.[42] Al igual que *Sur*, se trata de una revista centrada en las humanidades, pero en ella se destacan con asiduidad temas relacionados con la cultura argentina. Abierta a la colaboración de la crítica internacional, da también acogida a muchos críticos e intelectuales argentinos, como Borges, Gregorio Weinberg y Bernardo Canal Feijóo, entre otros.[43] De hecho, puede decirse que esta revista contribuyó, como ninguna otra de su tiempo, a la formación de la literatura nacional, ya que sus páginas

---

[42] El primer número de la revista aparece en 1953 y, pasado el esplendor de los años sesenta, concluye su publicación en 1970.

[43] Isaacson mantuvo una entrañable amistad con muchos de sus colaboradores, especialmente con Gregorio Weinberg, a quien le unía un gran cariño y admiración. Con Weinberg, y también con Bernardo Canal Feijóo, edita Isaacson una obra colectiva titulada *Censura, individuo y sociedad* (1983). Anteriormente ya había trabajado con estos críticos en su edición de *El populismo en Argentina* (1974).

acogieron a un número significativo de escritores argentinos. Por esta razón, dentro del variado repertorio humanístico de la revista *Comentario*, no faltaban artículos sobre temas argentinos, ni tampoco ensayos sobre comunidades indígenas y sobre países vecinos. Se trata de un dato que no carece de interés, ya que perfila la dedicación literaria de Isaacson y el estímulo que brinda a las letras argentinas.

Siguiendo una orientación similar a *Comentario*, Isaacson crea en 1997, con Luis Mario Lozzia, *Palabra y Persona*, órgano del PEN Club Argentino. Se trata de una revista abierta a colaboraciones de diversa índole, procedentes de escritores y críticos locales, así como de hispanistas extranjeros. De nuevo, aunque no son tema exclusivo, las vertientes sociales, históricas y literarias de la Argentina vuelven a surgir en sus volúmenes. Esta revista sigue publicándose hoy, y en el año 2009 edita el volumen *A dos siglos de la Revolución de Mayo, 1810-2010*, una recopilación de destacados ensayos enfocados en el análisis humanista, sociohistórico, literario y político de la Argentina.

En 1964 inicia una labor de crítica literaria sobre poesía argentina, rastreando y recopilando dicha lírica en tres volúmenes, que componen *40 años de poesía argentina (1920-1960)*. Investigando el mismo tema, publica un año después –a través de la Universidad de Buenos Aires– *Poesía de la Argentina: de Tejeda a Lugones*. Y en el año 2003 vuelve a tomar las riendas de esta labor en *Geografía lírica argentina. Cuatro siglos de poesía*.

En 1962 emprende Isaacson su labor crítica monográfica, en este caso, sobre José Hernández, uno de los autores sobre los que ha vertido un constante entusiasmo. Su ensayo introductorio "*Martín Fierro*, poema de denuncia", que acompañó la edición de *Martín Fierro* en 1986, vuelve a publicarse con ilustraciones de Juan Carlos Castagnino en la cuarta, y ya clásica, edición de 1997. Isaacson presenta aquí una lectura social de esta obra clave de la literatura argentina, "de ese milagro literario que es nuestro *Martín Fierro*" (I). Subraya en el presente ensayo el canto de denuncia y el aliento poético que inunda un texto donde se acentúa el valor estético, dado su carácter dialógico. El análisis reflexivo de la filosofía acompaña, según Isaacson, a la vibración emotiva y estética del poema hernandiano, que se sitúa en el entrecruce de lo social y lo histórico. En este sentido, necesario es destacar –según la lectura isaacsoniana– que esta obra representa, emocional e intelectualmente, el espíritu de una *comunidad*, de un pueblo "que quería oír el texto que lo retrataba y que lejos de brindar una pasiva imagen especular denunciaba frontalmente las injusticias y las expoliaciones a que era sometido" (VIII). Para Isaacson, Hernández transmite en sus versos sentimientos y posiciones críticas que recorren la historia de una peregrinación tanto individual como colectiva. Siguiendo un espíritu crítico, a la vez que constructivo, destaca también en esta obra maestra la oposición al caudillismo y a concepciones demagógicas del populismo: "Sobre los derechos del pueblo no hay hombre ni voluntad superior: sólo la ley justa y severa para todos" (X).

Con la publicación de *Martín Fierro. Centenario. Testimonios* en 1972, vuelve Isaacson a manifestar su interés en la obra de José Hernández. Se celebran aquí los cien años de vida del poema nacional con una memorable colección de ensayos, que Isaacson recopila pacientemente, a cargo de escritores destacados del mundo hispano y de prestigiosos críticos literarios. En 1983 publica *Encuentro político con José Hernández*, volviendo a constatar, por su parte, una devoción fiel y constante. Para Isaacson, este admirado escritor, con su sencillez lírica y su compromiso social, rebasa los límites nacionales propiamente dichos. Su eco se proyecta en la historia y, alcanzando otras naciones, hace de la ética la estética del porvenir.[44]

En *Macedonio Fernández, sus ideas políticas y estéticas* (1981), Isaacson vuelca su atención en otra figura emblemática del pensamiento argentino. La penetración filosófica y la capacidad de síntesis que le acompañan en ensayos como *El poeta en la sociedad de masas* y *Antropología literaria*, por ejemplo, vuelven a desplegarse aquí, iluminando los principales planteamientos que caracterizan la postura filosófica de Macedonio, tan influyente en su país.

Otro de los escritores argentinos que Isaacson analiza con profundidad es Jorge Luis Borges. El ensayo *Borges entre los nombres y el Nombre* (1987) revela la erudición y profundidad que le caracteriza, iluminando con dominio aspectos significativos del célebre escritor.[45]

Finalmente, varios estudios filosóficos y sociopolíticos –ilustrados por *La Argentina como pensamiento* (1983), *Luis Augusto Huergo. Primer ingeniero argentino. La ciencia y la técnica en el proceso cultural del Río de la Plata* (1993) y *El neoliberalismo como fundamentalismo económico: ensayos argentinos* (2005)– completan el repertorio de volúmenes centrados en el discernimiento de temas y escritores argentinos que acaparan su atención a lo largo de las décadas.[46]

---

[44] Completa los escritos de Isaacson sobre este escritor la obra *José Hernández. El senador Martín Fierro* (1998).
[45] También contamos con una traducción bilingüe –español-inglés– de su poemario *Desde el mundo de Borges* (1994).
[46] Ver también las obras en colaboración con otros autores en la lista inicial de datos biográficos y en el apartado de las obras citadas.

3. II. MORADA Y POESÍA: DE BUENOS AIRES A LA IMPOSIBILIDAD COMO PROYECTO

> Camino buscándote,
> encontrándote y perdiéndote
> en las esquinas que doblo,
> esperanzado.
>
> José Isaacson, *Un lengue sobre la voz* 22.

De igual manera que no es posible prescindir de la dimensión judaica en la obra de Isaacson, tampoco es viable eludir el protagonismo que adquiere en ella la ciudad de Buenos Aires, cuna y hogar de nuestro escritor. Ya en sus obras más tempranas, el poeta recrea con ternura y nostalgia los zigzagueantes pasos por jardines, rincones y calles de la ciudad, evocación que se torna en cita periódica, en un encuentro revivido a través de los años. La cuarta estrofa del poema "Partida de nacimiento", con el que se abre *El Pasajero*, nos presenta al Isaacson porteño:

> 4) Ahora nombro
> la ciudad
> que conoció el zigzag
> de mis pasos,
> el crecimiento de la pena,
> el fugaz
> chisporroteo de mi risa.
> Nombro
> Buenos Aires
> donde nací
> un 14 de agosto,
> el año 22 del siglo XX,
> como un porteño más,
> sin pretensiones (25).

La llaneza de un tono personal y desprendido registra azares donde anidan las nostalgias de un espacio íntimo y comunitario. Dato distintivo de la identidad de Isaacson, Buenos Aires se convierte en el interlocutor de sus diálogos, en testigo fiel de su vida. Huella indeleble, la ciudad, ayer y hoy, llena las páginas de su lírica recreando vivencias en la mente del lector con la eficacia y soltura de breves trazos. Las calles con sus edificios y transeúntes, con el recogimiento de sus jardines y arboledas; el ritmo de los pasos y las tonadillas casuales de bandoneones...; los rincones, en fin, de la ciudad amada laten en los versos de Isaacson.

Breves apuntes bosquejan recuerdos de la infancia y de la adolescencia: amigos, familia, cafés... cobran vida en la recreación del pulso de una comunidad. Esbozos coloristas de costumbres y calles; alusiones fugaces a las transformaciones de la gran urbe se pintan, con soledades y presencias, en versos emotivos y nostálgicos, a la vez que irónicos y burlescos. Son versos, ante todo, de sorprendente franqueza en la que se celebra, se añora y se evoca con ternura el fluir cotidiano de la ciudad, deteniéndolo y apresándolo en la magia del instante. Es la búsqueda del tiempo *vertical*, tiempo poético que, nutriéndose de la temporalidad, intenta trascender su fluir en la vivencia del momento, como hacen constar las declaraciones que, a modo de prólogo, se incluyen en *Poemas porteños* (1997) y en *Un lengue sobre la voz* (2006).

El compendio de poemarios porteños muestra la dedicación de Isaacson por la ciudad que lo vio nacer. Tiempo, espacio y linaje modelan un destino que, como se indica en "Partida de nacimiento", el poeta asume y acepta plenamente:

> Padre, madre,
> ciudad y fecha
> consignados quedan.
> Y aunque nací,

como nacen los hombres,
sin elegir
padre ni madre,
ciudad ni fecha,
hoy 44 años después,
quiero decir,
aunque no haga falta,
que no hubiese elegido
otra ciudad ni otra sangre
ni otro tiempo (26).[47]

Los poemarios de Isaacson en los que la vida bonaerense protagoniza el canto van todos marcados con el sello de la concisión, del apunte que dibuja la intimidad de un espacio anímico. Ilustran esta tendencia obras como *Oda de Buenos Aires* (1969), *Calle Florida* (1969), *Poemas porteños* (1997) y *Un lengue sobre la voz* (2006), así como breves textos, dispersos por el resto de su lírica, en los que se sueña la ciudad. Los datos pintorescos y coloristas adquieren una presencia mínimamente necesaria, a la vez que sutil. Las descripciones del espacio urbano, de una ciudad convertida en *hogar* natal, se esbozan con pinceladas que, reduciendo su carga descriptiva, tienen sin embargo la capacidad de apelar a la participación del lector, disparando de esta manera dispositivos de evocación que anidan en la intimidad. *"Le pittoresque excessif d'une demeure peut cacher son intimité",* observa Bachelard, y añade: *"[L]a maison première et oniriquement définitive doit garder sa pénombre"* (*La poétique de l'espace* 31). La aparente –y sin embargo compleja– simplicidad del discurso de Isaacson ilustra esta tendencia.

No cabe duda de que la búsqueda de concisión es aquí un factor dominante. Nada más lejos de la ornamentación

---

[47] Con leves variaciones estilísticas y ampliaciones semánticas, Isaacson ya había desarrollado este tema en el poema dedicado a su padre "Habla el poeta", incluido en *Elogio a la poesía* (1963).

y la fachada ostentosa. En *La realidad metafísica de Franz Kafka*, el propio Isaacson discurre sobre la escueta y eficaz economía que distingue a este escritor: "La máxima intencionalidad expuesta con un mínimo de medios expresivos son los elementos siempre presentes en la esencial belleza kafkiana" (28). Ese compromiso hacia la desnudez expresiva es un sello distintivo de Isaacson. Realza además en el uso de pronombres personales –yo, tú, nosotros– la presencia del *interlocutor*, contribuyendo a destacar la relación intersubjetiva afincada en el poema.

Partiendo de una experiencia concreta, el conjunto de poemas porteños, que ilustra *Un lengue sobre la voz*, por ejemplo, invita a un proceso de lectura en el que la recepción se activa a través de un sistema de resonancias anímicas. La subjetividad del lector vibra en consonancia con la recreación de un espacio convertido en vivencia. El espacio se enriquece; va cargándose de recuerdos, al mismo tiempo que disminuyen –o desaparecen– los datos descriptivos y cronológicos.

El espacio y el tiempo borran sus fronteras; aun tratándose de un ámbito específico y de unas coordenadas temporales concretas, el espacio se funde en la evocación de un *instante* que la voz poética recrea en el lector. Es la voz que a todos llega, "*la voix que tous entendent quand ils écoutent a fond de mémoire, à la limite de la mémoire, au delà peut-être de la mémoire dans le champ de l'immémorial*" (*La poétique de l'espace* 31). El mismo Isaacson trae a colación las ideas de Bachelard en *L'intution de l'instant*. Indica de esta manera, tanto en *Poemas porteños* como en *Un lengue sobre la voz*, que las calles y barrios de su adolescencia y de su juventud son recuerdos "nutridos por las intuiciones del instante", evocaciones de hechos irrepetibles, pero "sentidos y pensados a lo largo de décadas" (*Poemas porteños* 9, *Un lengue sobre la voz* 9).

JOSÉ ISAACSON Y LA POÉTICA DEL ENCUENTRO

En las últimas producciones líricas, el aderezo de los años agrega –al sabor cotidiano y familiar del espacio urbano– el gusto por la sutil alusión histórica, por la observación crítica, e incluso por el comentario burlesco de tono coloquial. Como documenta Thorpe Running, el poema no deja de ser, en las manos de Isaacson, un poema *crítico*.[48] En este caso, se convierte en espejo de un alma en la que se pintan esbozos de una comunidad.

"Pleonasmo" es el título burlesco del prólogo que acompaña a *Poemas porteños* y a *Un lengue sobre la voz*, donde Buenos Aires es la principal musa. Isaacson hace referencia aquí a las ideas que Gaston Bachelard presenta en *L'intuition de l'instant*, declarando que los poemas incluidos "no son la consecuencia de una pasión repentina sino hijos de algo más profundo que sabe de las oscilaciones del tiempo horizontal y de las ascensiones y descensos del tiempo vertical" (*Poemas porteños* 9). En el ensayo "Instant poétique et instant métaphysique", incluido en *L'intuition de l'instant*, Bachelard justifica el uso de tales denominaciones. Para ello postula una fusión plena entre la poesía y la metafísica. Tal unión se convierte en el centro de exploraciones que creen ver en la *inmediatez* del instante evocado la vivencia del ser.

El poema, supuestamente, intuye un resplandor del universo en la detención del tiempo, revelando su vertiente mística. La captura de dicho instante comporta, según Bachelard,

---

[48] Thorpe Running expone el sentido que da al término *poema crítico* en el estudio final de la colección de ensayos por él dirigida (*José Isaacson, poeta crítico* 1999). Parte, en primer lugar, este comentarista de la postura escéptica que se desprende del conjunto de la obra de Isaacson: "El sentido de incertidumbre que se insinúa en toda la poesía de Isaacson es, principalmente, lo que determina su inclusión entre los poetas críticos" (142). En segundo lugar, Running interpreta también dicha terminología bajo el sentido que Octavio Paz desarrolla en su emblemática obra *Los signos en rotación y otros ensayos*, donde el poema se convierte en el espacio de la contradicción.

una noción de *verticalidad* en el tiempo, rasgo constitutivo del hecho estético donde la lectura asciende a un nivel superior de encuentros dentro y fuera de la temporalidad.

En realidad, el concepto que Bachelard desarrolla sobre la poesía vertical y sobre lo que él define como tiempo vertical / horizontal tiene una resonancia considerable en la lírica de la segunda mitad del siglo XX, que la literatura argentina recoge puntualmente. El interés en el tiempo detenido que Bachelard denomina *vertical* proviene de un acercamiento al poema buscando su esencia.[49] Se trata de una noción que contrasta con el concepto del tiempo *horizontal*, entendido como devenir; es decir: el tiempo del *pánta rei* o de la sucesión; el tiempo que confirma la historia en una concatenación de hechos irreversibles. Se pone, pues, en juego la dialéctica de dos ideas; *sucesión* e *instantaneidad* crean una tensión en el discurso poético en la que el lenguaje se libera, aprisionándose en su propio confín.

El tiempo vertical se identifica, por un lado, con la intuición de la vivencia, y por otro, con el *poema* mismo; con la creación de un espacio intersubjetivo en el que el lector se adentra en el *alma* del poeta, en lo que llamamos aquí su *morada*, su hogar. Puede, de esta manera, concebirse la poesía de Isaacson como el despliegue de un espacio interno, de una morada poética retratada de manera caleidoscópica en su lírica. El canto a Buenos Aires, que recorre con apego su obra, da lugar a múltiples lecturas –sociales, irónicas, burlescas, emotivas–, lecturas, en todo caso, que recrean con gracia los ecos de un hogar compartido.

Necesario es también considerar que el espacio físico, definido en el caso presente por el ámbito urbano de Buenos

---

[49] Bachelard declara: "*[L]e poète détruit la continuité simple du temps enchainé. En tout vrai poème, on peut alors trouver les éléments d'un temps arrêté, d'un temps qui ne suit pas la mesure, d'un temps que nous appellerons vertical pour le distinguer du temps commun qui fuit horizontalement avec l'eau du fleuve, avec le vent qui passe*" (104).

Aires, rincón del cosmos personal y doméstico –y sin duda alguna, querido–, invita paulatinamente a escalar o a descender por las profundidades de la subjetividad: el recuerdo, la impresión, el instante, la vivencia... El lector se adentra en la *morada* que ofrece el poema. Para Bachelard, este ascenso y descenso es una actividad inseparable de la lírica. "*La maison est imaginée comme un être vertical [...] la verticalité est assurée par la polarité de la cave et du grenier*" (*La poétique de l'espace* 34-35). A través de las evocaciones de la infancia, de la adolescencia y del caminar peregrino por las calles de Buenos Aires, Isaacson invita a recorrer diferentes espacios de la conciencia, lugares en definitiva de *encuentro*. "Y para que el encuentro sea posible debe ponerse en juego el ser entero" (*La realidad metafísica de Franz Kafka* 56). Bajo la lente isaacsoniana, la poesía está verdaderamente en el centro de la vida humana, ofreciendo su patria y hogar definitivo.

En relación con la poesía vertical, Thorpe Running señala un punto de coincidencia entre Isaacson y Roberto Juarroz. Dicho interés, común y evidente en la temprana obra de Isaacson *El metal y la voz* (1956), como observa este comentarista, se asemeja a una "obsesión que comparten con la verticalidad", sobre todo en el caso de Juarroz, ya que éste es autor de once tomos con el título de *Poesía vertical* (Running 12). Running cita la siguiente estrofa que alude de manera explícita en *El metal y la voz* a esta concepción de la poesía:

Por eso, simplemente
necesito una palabra vertical,
que vertical golpee
como un vaivén de ala
o de rama (Running 145).[50]

---

[50] Dada la naturaleza polisémica del texto, su abierta ambigüedad, no hay que olvidar que su lectura da cabida también a variadas y ricas interpretaciones. La elección de los términos *metal* y *vertical* se inserta en una compleja trama de implicaciones. Son términos primarios y esenciales, a la vez que sumamente abiertos y ricos en sugerencias.

En un esfuerzo por sintetizar la lírica de Isaacson, Delfín Leocadio Garasa analiza el poema que Thorpe Running recoge en su recopilación. Para este comentarista, el anhelo de verticalidad de la poesía de Isaacson se halla muy lejos de los halagos o del ascenso que la fama pueda ofrecer a un determinado escritor. Al contrario, según Garasa, el ímpetu de esta voz lírica en su trayectoria ascendente se identifica con ideales de solidaridad, o con una ascensión mística compartida "porque ese impulso inquebrantable de altura arrastrará a los pueblos, imbatibles en su ansia de liberación, una liberación que sólo pervive si se nutre de la libertad" (Running 36). Teniendo en cuenta la trayectoria histórica del área rioplatense y el interés que Isaacson manifiesta en la cultura argentina a través de los años; teniendo en cuenta una lírica que busca en su canto el latir porteño, la lectura de Garasa ilumina, indudablemente, una vertiente profunda. El horizonte utópico de liberación que se vislumbra en el humanismo de Isaacson impregna toda su obra. Al sentimiento de solidaridad presente en *Amor y Amar* (1960), se suma un canto lleno de afecto y lealtad a Buenos Aires.

Con el intento de ahondar debidamente en la lírica de Isaacson, Running extiende su visión de la poética de Bachelard a otras interpretaciones parejas. Apela, de esta manera, a una concepción análoga de la poesía, inspirada esta vez en Octavio Paz y en Stéphane Mallarmé. Propone Running en este caso reflexionar sobre el concepto de poema *crítico*, definido por Paz en *Los signos en rotación* como aquel poema "que contiene su propia negación y que hace de esa negación el punto de partida del canto" (Paz 328). Con este paso, abre Running una vía de estudio donde se vislumbran diversas ramificaciones. No cabe duda de que hay claves significativas de encuentro entre Paz e Isaacson a la hora de concebir la entidad del poema. Y Running traza una exploración rica en sugerencias.

A la amplitud y complejidad de este tema, habría que añadir como rasgo distintivo de la poética de Isaacson el giro kafkiano que experimenta en su lírica el poema crítico. En otras palabras: si por un lado comparte Isaacson la dialéctica que caracteriza tanto a la postura de Bachelard como la de Mallarmé y Paz, por otro, su visión alcanza el fondo poético que emana de la obra kafkiana. En este caso, el dinamismo del poema crítico asume en su destino estético –e irónico– una condición tan insostenible como necesaria. El poema es una morada minada por el contrasentido; es una forma de ser que es un *estar* sosteniéndose en el vacío; o si se prefiere: el poema se ancla en un asilo sin protección. En este sentido, Isaacson no sólo coincide con Paz al concebir el poema como el espacio de la contradicción, sino que además *amplía* su énfasis, como muestran sus estudios sobre Kafka y obras como *El pasajero* y *Poemas del conocer*. "Para Kafka –declara Isaacson subrayando el carácter poético de la producción de este escritor– conocer es afirmar, hasta límites que suponen una temeraria lucidez, la total incertidumbre de toda certeza. Sobre tan fluido punto de apoyo ha edificado Kafka su obra" (*La realidad metafísica de Franz Kafka* 71). La búsqueda cartesiana de la certeza como asiento del conocimiento, hogar de descanso, ha de contentarse con la mera *búsqueda*. Afrontar esta condición es la misión estética de la poesía, que en Isaacson se realiza sin estridencias ni lamentos trágicos, en la plena y consciente aceptación de una meta quijotesca: "Kafka es el destino del hombre, pero del hombre que puede proponerse la construcción más como un anhelo que como una realización" (*La realidad metafísica de Franz Kafka* 32). Buscar nuestra patria, nuestra casa o centro poético, equivale a aceptar un refugio en nuestra única posesión: la palabra, o mejor: la *pregunta*. El poema crítico en Isaacson es en cierto modo una morada donde se realza la condición de desamparo: "La exhibición del hombre ante su total intemperie es tal vez una de las formas más esotéricas de la leyenda del judío errante, que no es otra cosa que la del hombre absolutamente desguarnecido." (*La realidad metafísica de Franz Kafka* 25). Desde el punto de vista del lenguaje, podríamos decir, con Paz, que "la palabra se sustenta en la negación de la palabra" (313). Este cuerpo teórico de la poética de Isaacson, vertiente esencial en *Poemas del conocer* (2004), aparece con fuerza lírica a lo largo de su producción.

Al giro kafkiano que experimenta el poema crítico, hay que añadir también, como contrapeso, el sello buberiano. La dimensión utópica es de igual manera imborrable en la lírica de Isaacson. En los poemarios marcados por el canto porteño, no cabe duda de que dicha dimensión se detecta claramente en el tono emotivo de una voz cargada de afecto y vitalidad hacia su hogar: Buenos Aires. Como sugieren las primeras producciones líricas, donde se detecta un sello de compromiso social, la ciudad debe tomar acción y despertar a través de la lucha y la esperanza. Así lo expresa el poema "Metales vistan mi voz":

> Todo parece dormido.
> Las calles,
> los ritmos,
> las risas y las sonrisas,
> todo,
> todo parece dormido.
> ...
> Crecí como un árbol,
> hundí mis raíces, tiernamente.
> La savia cantaría en mi copa
> su canción
> de amor, lucha y esperanzada espera,
> crepúsculo, mediodía, estrellada noche.
> ...
> Metales vistan mi voz,
> no tiernas hojas.

Metales vistan mi voz
y me ayude el viento
para que las calles,
los ritmos,
las muchedumbres,
los latidos,
las risas y las sonrisas,
para que todo, todo,
para que todo despierte (*El metal y la voz* 34).

3. III. EL CANTO PORTEÑO DE JOSÉ ISAACSON

> Hijo de esta ciudad
> de infinitas esquinas
> caminé sus calles
> buscando mi voz para cantarla.
>
> José Isaacson, *Poemas porteños* 15.

"La ciudad que me espera" es una de las primeras composiciones líricas de José Isaacson inspirada en Buenos Aires. La compuso durante un viaje a Jujuy. Dentro de un ambiente de ensoñación y despedida, la voz poética nos lleva a contemplar aquí las luces de la ciudad dormida. Bellas imágenes visuales surgen en la lectura. Con breves pinceladas se bosqueja un paisaje que va adentrándose en la intimidad: "La ciudad dormida. / A lo lejos sus falsas estrellas la señalan, / imposibles luciérnagas en la noche de julio"... Después irrumpen los recuerdos y vamos ingresando en la evocación de un pasado revivido en un espacio urbano sin nombre, que puede, dentro de su anonimato, ser reconocible e identificable con la experiencia de los lectores. Quedan atrás las calles de la infancia. El paso del tiempo tornó sus ilusiones en los duros tramos de la madurez y sus desafíos:

> Voy dejando la ciudad que me espera.
> Sus calles me llevaron
> por tantos caminos diferentes
> y en espiral fui haciendo
> la dura trayectoria del hombre
> ...
> La ciudad dormida.
> Por sus calles solas yo dije
> muchas veces
> nombres de amor y nombres de tormenta (*El metal y la voz* 43-44).

Se incluyen estos versos en la segunda obra lírica de Isaacson, *El metal y la voz* (1956), y encabezan una lista de seis poemas centrados en la estancia del poeta fuera de Buenos Aires. Estas composiciones se encuentran en una sección denominada "Buenos Aires-Jujuy", con fecha de 1951.

"La ciudad que me espera" es el primer poema de esta breve serie –de hecho, uno de los primeros cantos de Isaacson a Buenos Aires– y simboliza el inicio de una empresa lejos del hogar. El sexto poema de la serie evoca el regreso a la ciudad natal tras una ausencia que sustituyó el asfalto, la cultura y el brillo del recinto urbano por los parajes de una naturaleza exótica. Regresa el poeta, según confiesa

> [Co]n el alma /
> llena de luces y cerros
> y el camaleón de las piedras
> rebrillando en Humahuaca (*El metal y la voz* 55).

Desde un punto de vista literario, la estancia en Jujuy se caracteriza, aparentemente, por la infertilidad lírica; el poeta regresa "con los oídos / agobiados de silencio" (55). Se trata de un momento de espera: "No es la hora del canto / todavía" (55). Pero en este periodo de ausencia, según admite la voz poética, se irá incubando y consolidando su inspiración, ya que "en el silencio se templan las canciones" (55).

Un dato importante que hemos de anotar en el poema "La ciudad dormida" es el tono de compromiso social que enfatiza la última estrofa; se detecta aquí una llamada a la acción solidaria, que anima principalmente las composiciones líricas de esta primera etapa. A través de un ritmo insistente, el poema concluye su melancólica reflexión con un cambio brusco de tono. Ritmo, latido y emoción convierten ahora el poema en un canto de lucha; el eco de las voces parece *ascender* en marcha rítmica y solidaria hacia una meta, celebrando el sacrificio de los héroes y la esperanza de un pueblo "que no duerme", que no renuncia a sus ideales. Un Isaacson de veintinueve años concluye el poema recogiendo, con progresiva musicalidad, emoción y encono, el canto de una ciudad joven, dispuesta a la lucha:

> La ciudad dormida,
> aunque no duerme.
> No duerme el corazón,
> no duerme.
> No duerme el combatiente,
> no duerme.
> No duerme el que en la lucha deja
> la frente rota, pero el alma entera.
> La sangre inexpugnable de los héroes
> no duerme (44).

Es interesante comprobar que, tras este paréntesis lejos de Buenos Aires, el poeta inicia una intensa actividad literaria. En 1966 sale *Oda a Buenos Aires*, obra que se incorpora después a las ediciones de *Poemas porteños* (1997) y de *Un lengue sobre la voz* (2006), las dos producciones líricas más extensas de Isaacson donde la ciudad natal protagoniza el canto.[51] Los cinco poemas de esta primera creación dedicada a Buenos Aires lucen, como se hará patente después, el ropaje de una expresión sencilla y transparente. A partir de estas evocaciones, la voz de Isaacson vuelve a acercarnos al ámbito de su intimidad, recreando datos de su memoria que, a través de los años, perfilan una imagen caleidoscópica de la ciudad amada.

La ironía y la nostalgia conviven de manera inseparable en este primer poemario sobre Buenos Aires. De igual modo, se destaca aquí la *comunicación*; se destaca el

---

[51] En adelante, las referencias y citas a *Oda a Buenos Aires* provienen de la edición de *Un lengue sobre la voz*.

deseo de alcanzar al lector en la relación de pronombres personales: el *yo*, que recrea momentos fugaces del pasado; el *nosotros*, que connota la presencia de un círculo de amigos, poetas, intelectuales o simples transeúntes que, en definitiva, componen la comunidad;[52] y finalmente el *tú*: el tú querido y personificado de la ciudad:

> Y te encontré
> el día inicial de mi destino
> dispuesta a recibirme,
> a entregarme lo que es mío y de todos
> y de nadie (*Oda a Buenos Aires* 31).

Es la voz del poema "Peatón enamorado" con el que se abre *Oda a Buenos Aires*. El tiempo, tema central tanto en Borges como en Isaacson, deja aquí sentir su huella, ya que la ciudad se insinúa como espacio comunitario de metamorfosis. Los recuerdos dibujan un entramado de coordenadas espaciotemporales, sellando el hogar con una entidad transitoria; de hecho, el recuerdo llega incluso a perfilar con nostalgia el ámbito efímero e ilusorio de una ciudad fantasmal:

> Cementerio de pasos
> ya pisados, las veredas acumulan
> zigzagueantes recuerdos.
>
> Cuando nosotros ya no estemos,
> quizá Alguien ordene

---

[52] El *tú* y el *yo* del nosotros se intercalan a veces en el poema con el tú personificado de la ciudad, como ocurre en el poema "Los transeúntes":
Tú y tú y yo
somos sus transeúntes;
hombres con horario,
obligaciones,
andamios y sudores (34).
Véase también la siguiente estrofa con la que concluye el mismo poema: "Buenos Aires, Buenos Aires, / para no herir tus veredas / te voy pisando despacio" (34).

y explique.

> Nada importará entonces
> a este
> peatón enamorado:
> un hombre entre muchos,
> recorriéndote
> transitándote,
> sumergido en tu aliento (*Oda a Buenos Aires* 32-33).

Los poemas que componen *Oda a Buenos Aires* dibujan un espacio anímico que se revive en el recuerdo. La ambientación colorista de la ciudad, como ilustra el poema "Recuerdo y presencia", se lleva a cabo a través de dos técnicas que enfatizan de igual manera el trazo breve, la marca escueta de una impresión fugaz. Por un lado, el ambiente se llena de resonancias e imágenes que recrean el color local de la ciudad a través de someras descripciones:

> Extendiéndose y ascendiendo,
> ahogando
> los patios con canarios
> y macetas, cada vez más lejos
> en el barrio
> y en el recuerdo (*Oda a Buenos Aires* 35).

Por otro lado, el espacio *anímico* –que llega a ser Buenos Aires en la lírica de Isaacson– va cobrando señas de identidad comunitaria a través de nombres propios. Es decir, esta vez la ambientación se lleva a cabo en la escueta alusión a nombres cargados de identidad propia y que, en conjunto, ofrecen una imagen múltiple de la experiencia urbana. Se resalta así, tras la evocación de impresiones fugaces, el carácter individual y único del referente ontológico al que aluden los nombres; se resaltan, en definitiva, las diversas caras que marcan con identidad propia el dinamismo de una ciudad. Son nombres distintivos de edificios, calles, barrios, comercios; son también nombres de poetas e intelectuales que comparten las costumbres y la animación de un espacio íntimo, teñido tanto de burla como de afecto y nostalgia:

> Avenida de Mayo
> con peluquerías, gallegos,
> cafés
> y olor a chocolate con zarzuelas,
> los tanos
> barajando la verdura en el Abasto
> –los que hicieron la América,
> la van de intermediarios:
> los cabecitas los reemplazan
> en el sudor y en el esfuerzo–,
> y los judíos,
> muebleros con Marechal y Tesler,
> en Villa Crespo,
> con árabes, turcos y armenios,
> infinitos tenderos
> en el Once
> cada vez más extenso.
>
> De la dulce
> fruta de las pizzerías
> todos nos prendemos,
> sin distingos de circuncisos
> o enterizos.
> Las pretensiones intelectuales
> se deponen
> y en la aceleración de las masticaciones
> se forja
> la auténtica unidad
> de los estómagos
> populares.
>
> Buenos Aires: escuela y delantal blanco,
> mi querida maestra y un ramo de flores (*Oda a Buenos Aires* 36-37).

Detrás de una lente personal y afectiva, se detecta por lo general una ambientación colorista llena de vida.

JOSÉ ISAACSON Y LA POÉTICA DEL ENCUENTRO

Se presencia en *Oda a Buenos Aires* una recreación de la cotidianeidad urbana apoyada en las costumbres y anécdotas de lugares comunes. Las calles se convierten en parajes urbanos con distinción propia; en ellas se aloja el alma de una ciudad. Y el lector capta los destellos de ese vivir cotidiano tras el impacto de pinceladas breves, a la vez que certeras.

Apuntes con perfil biográfico conviven aquí con el lenguaje coloquial, que parece resonar en los rincones, parques y cafés de la ciudad. En ocasiones, intercala también el discurso poético en su fluir estribillos de tangos, o recoge con comicidad anécdotas urbanas cifradas en el griterío entusiasta de un gol argentino. En todas las viñetas de esta obra, como muestra el poemario *Calle Florida*, incluido en *Poemas porteños*, la paleta colorista de Isaacson estampa chispas de la espontaneidad cotidiana en imágenes vibrantes.

No puede faltar la referencia al tango, representado aquí como sello imborrable del alma de un pueblo, auténtico habitante de la ciudad porteña, como muestra el poema "En tus calles":

Mientras,
el tango
con su voz máscula
y llorona
se arrastra por tus calles,
trepando por el aire,
prendido a los recuerdos,
ciudad, él mismo,
en su sonora manera,
auténtico habitante,
ritmo que distingue nuestro ritmo,
golazo en el arco de otro fútbol,
con emoción,
corazón,
viejita,

percanta que me amuraste,
sol de mi vida (*Oda a Buenos Aires* 40).

Puede observarse una clara muestra de interés en las señas de identidad de una comunidad, de un espacio cultural. La imagen que, de manera unísona, devuelve *Oda a Buenos Aires* es reflejo del hogar donde vibra y sueña una ciudad:

Integrando tus elementos,
entre todos te iremos amando y armando
algo que será tuyo
y nuestro (41).

En este sentido, el compromiso que Isaacson muestra por la cultura argentina enlaza aquí con una tendencia manifiesta en otros escritores hispanos. Salvando las distancias que connota una voz literaria propia, pueden encontrarse casos paralelos en la exploración, por ejemplo, que Octavio Paz realiza sobre la identidad mexicana, principalmente en *El laberinto de la soledad*. Y por supuesto, se pueden hallar ejemplos más cercanos: el interés por la cultura argentina, desde las milongas a las figuras literarias e históricas, tampoco falta en la obra del mismo Borges. Podemos asumir que si estos escritores emprenden caminos diferentes, común es sin embargo la meta. Junto a la erudición y universalidad de los temas filosóficos de Isaacson, emerge un hondo aprecio a su propia cultura, un apego explícito y constante a lo largo de su obra.

La exploración destinada al autoconocimiento no es en Isaacson producto de una moda generacional ni pertenece a una fase en su carrera literaria. Al contrario, se trata de un interés permanente, que responde a una toma de contacto, por un lado, con la identidad cultural de la ciudad, y por otro, con su propia identidad. El cometido es doble; supone una relación de correspondencia mutua. Alfredo de la Guardia comenta en su estudio "Nuevo canto a Buenos Aires" que el poeta crece con la ciudad, sintiendo la "palpitación concorde" de su lugar natal; recogiendo en sustancia "el espíritu porteño con naturalidad y ternura y devoción recóndita" (Running 99). Este *sentir* conforma en la lectura un espacio anímico donde se teje una red de *encuentros* que perfilan señas de identidad.

A partir de la primera edición de *Oda a Buenos Aires*, en 1966, el canto porteño de Isaacson sigue visitando de manera intermitente su lírica, esparciéndose en diversos poemarios hasta protagonizar volúmenes como *Poemas porteños* (1997) y *Un lengue sobre la voz* (2006). De esta manera, Isaacson detecta en sucesivos poemarios los múltiples reflejos de su ciudad.

En 1969 reaparece el canto a Buenos Aires en "Calle de Flores", poema incluido en *El Pasajero*. Sigue esta composición al poema inicial "Partida de nacimiento", comentado anteriormente, y centra su reflexión en el pasado, en la fugacidad del tiempo a través de imágenes perdidas de la ciudad. Tiempo e identidad se convierten aquí en vórtice de la reflexión y del sentir. Representa "Calle de Flores" un texto de singular belleza donde el tono poético cubre de nostalgia la mirada, al evocar los sueños infantiles con tiernas imágenes. Nombres de calles bonaerenses entran en el campo de visión: Bilbao, Bonorino, Directorio... Son "calles de una infancia / deslizándose en patines / por fáciles asfaltos" (29). Añoranzas diversas rescatan de la memoria la figura de la escuela y la dulce maestra; abren el recuerdo a los días de cine –"donde Tom Mix / enlazaba los bandidos / para mayor gloria / de la justicia"– y escuchan los pasos perdidos de la adolescencia y la juventud en el río del tiempo.

Al igual que ocurre en *Oda a Buenos Aires*, el discurso poético de *Calle Florida* convoca la burla y el cariño en los múltiples bosquejos de la morada urbana. Surge de nuevo el color local, desplegado fugazmente y con brío por las páginas de los quince poemas que componen esta obra. El retrato que en ellas aparece –el de una calle convertida en símbolo de Buenos Aires– respira ironía y comicidad.[53] Pero junto a la crítica mordaz, que el lector apreciará en el breve apunte o en el detalle pintoresco, el poemario presenta también en su canto a Buenos Aires una celebración de la vida. Junto al examen crítico del complejo cosmos que perfilan sus versos, hace también honor *Calle Florida* a la amistad. En una mirada cargada de nostalgia, se evoca la rutina del café congregando el encuentro entre compañeros de alborozos y sueños.[54] Y se recrea también la imagen paterna en un juego de espejos y correspondencias que subrayan el común apego tanto a la cotidianidad como a los estímulos que ofrece la ciudad, representada aquí a modo de emblema por una de sus partes integrantes, la célebre calle Florida:

> Cuando te camino,
> Florida,
> recupero los pasos de mi padre,
> quien día tras día
> recorrió tus cuadras
> entregándote
> su alegría de vivir y de vivirte (*Poemas porteños* 33-34).

---

[53] *Calle Florida* se incluye en el volumen 3 de *Buenos Aires. Guibert, Isaacson, Rossler* (pp. 43-67). Es una obra prologada por Bernardo Canal Feijóo.

[54] La celebración a la amistad vuelve a presentarse de manera emotiva en el poema "Pompeya, año 30", donde Isaacson recrea y pone en boca de Francisco Gil momentos entrañables de la adolescencia:
Perfiles ya ausentes,
me acongojan.
[...]
A las cuatro de la tarde,
todos los días, todas las tardes.
El corazón se me encoge
tibio de ternura (*Un lengue sobre la voz* 88).

Florida, la calle que protagoniza aquí el canto, con sus vecindarios, edificios, costumbres, modas y generaciones, se abre progresivamente en estos versos a una visión retrospectiva y punzante. Por medio de imágenes vívidas y poniendo el paso del tiempo como telón de fondo, el proceso de lectura se ve sujeto a la reflexión y al asombro: *Ubi sunt?*... Isaacson concuerda con Horacio al recordarnos, con la concisión que le caracteriza, la vulnerabilidad de la vida ante el paso del tiempo. *Calle Florida* hace, verdaderamente, un recorrido histórico con su mirada:

¿Quién puede imaginar
esos cadáveres
que la fiebre amarilla
abandonó alguna vez
en tus veredas?

¿Y esos salones
En los que las mantillas
y los peinetones
eran saludados por las galeras
emergentes de los levitones?

Te gobernó
la jeunesse dorée
de aquel bon vieux temps
para unos pocos (*Poemas porteños* 35-36).

La alusión a los cambios sociales que han conocido los vecindarios de Florida; el aumento del trajín de sus calzadas y veredas; la frivolidad de la ostentación pudiente y la vulgarización de las costumbres son materias que la voz satírica del texto no pasa por alto. El discurso de *Calle Florida* no deja nada a la improvisación. Cada palabra y cada verso se integran en una estructura donde, al parecer, nada sobra y nada falta. La vivacidad de imágenes y el ritmo posibilitan la carga semántica que caracteriza la sencillez de los versos. Esta técnica en la que se enfatiza la concisión proporciona golpes maestros en la lírica de Isaacson. A través de un par de metáforas, se recrea el impacto de una imagen, por ejemplo, la figura urbana de grandes moles de construcción, representando el poder de multinacionales, bancos y demás mecanismos de la colonización moderna:

> Los bancos
> la fueron invadiendo,
> cubriendo
> con planillas y estados
> de cuenta,
> introduciendo,
> acentuando
> un vértigo,
> ajeno
> a este porteño
> "acto
> primordial"
> que es caminar por Florida (*Poemas porteños* 41).

La visión de los rascacielos se ejerce a través de una imagen –*vértigo ajeno*– que, de manera inmediata y poderosa, se reproduce en nuestra mente. Dicho enlace metafórico ilustra un golpe maestro en la composición lírica. La imagen visual del gigantesco edificio se sustituye hábilmente por el *efecto* que connota, en este caso, por la emoción o sensación intensa que despierta: el vértigo. Por otro lado, el epíteto que se enlaza a este término atribuye una propiedad que revela una crítica social: la invasión de un colonialismo multinacional, la ocupación del espacio por una entidad ajena y despersonalizada. En este caso, la *morada* urbana se ve arrollada por la fuerza mecánica de la deshumanización. Llegamos aquí a uno de los temas medulares de la ensayística de José Isaacson: la pérdida de la entidad en la sistemática *cosificación* de la sociedad. Dicho tema adquiere en *La realidad metafísica de Franz Kafka* una fuerza dramática de gran lirismo. El poema "Isla imposible", incluido en *Calle Florida*, ilustra esta preocupación:

> Cuando las máquinas de escribir
> cumplen con su jornada,
> de las oficinas
> emergen
> esos peatones fugaces
> que te colman
> sin habitarte
> y veloces naufragan
> en los subterráneos
> o en los trenes de Retiro,
> para terminar el día
> cortando
> algún cerco de ligustrina
> o fumando el opio
> en alguna pipa encendida
> por la T.V.
> en Hong Kong, o en Shanghai
> o en (*Poemas porteños* 32).

Los poemas que componen *Calle Florida* recrean en sus alusiones un cuadro de vivencias. Y presentan a la vez un cuadro literario en su referencia a escritores y poetas de Buenos Aires. De igual manera, bosquejan estos versos el perfil histórico y social de la ciudad. La sátira convive en el texto con el cariño de una mirada nostálgica, que invita a la reflexión. Su latido poético se adentra, paulatinamente, en la intimidad del lector, en su sentir.

Una estampa cómica y personal de Buenos Aires se vuelve a convocar en el largo poema "Pompeya, año 30", compuesto honrando la memoria de Francisco Gil, o "contado" por el mismo Gil, como se indica en *Poemas porteños*, ya que el discurso poético adopta la voz de este compañero

(48).⁵⁵ Se caracteriza esta composición singularmente por su entrañable humor y la carga afectiva vertida en el recuerdo de un tiempo añorado; Isaacson entonces contaba con ocho años. Sin duda, estamos ante una fecha y un lugar especialmente queridos para el poeta: "En tus veredas, / Pompeya, / mi vida está escrita" (*Un lengue* 88). Los recuerdos que contempla aquí la mirada nos llevan al mundo cotidiano de la preadolescencia. A modo de apunte suelto, se recrean las andanzas y los sueños de un alma joven; se perfilan tiernas aventuras marcadas con un espíritu jocoso, que da vida a lugares, que se deslumbra con la expectativa de humildes recompensas y que celebra, sobre todo, los momentos compartidos de la amistad:

> Aunque ya conocía las respuestas
> nos preguntaba:
> –¿Birloche o tortones?
> Saboreando el azúcar quemado
> orábamos a nuestro modo,
> sin palabras pedigüeñas
> ni mentiorosas
> ...
> De pantalón corto
> ingresé en la librería
> donde habría de recalar
> días de días,
> años de años,
> entregando libros y afecto

---

[55] Según declaraciones del propio Isaacson a Marina Martín, hay que tener en cuenta que la presencia de este amigo a lo largo del poema tiene un carácter implícito, ya que la voz poética reproduce aquí tanto experiencias propias como ajenas; anécdotas fundidas, en todo caso, en la magia de la evocación. Nótese el énfasis que la amistad adquiere en los poemas dedicados a Buenos Aires, así como el cariño con el que la voz poética celebra lugares, personajes emblemáticos –como Tita de Buenos Aires–, admirados mentores –don Samuel Eichelbaum– o calles y vecindades pobladas de emociones y vida: "El corazón se me encoge / tibio de ternura" (89).

y recibiendo amistad,
esa forma especial de respirar
que tienen los hombres
cuando la mirada
está limpia de escondites (*Un lengue* 88-89).

Son versos que recorren anécdotas fugaces en las calles del alma; momentos que vibran con naturalidad y sencillez. El poema se carga de intensa comicidad y ternura, a la vez que, lejos de dramatismos, la nostalgia sigue en busca de su fugaz sueño: "Sigamos siendo jóvenes, / siempre anclados en el año 30" (86). En "Pompeya, año 30", los versos ofrecen un recorrido emotivo y vivaz de un tiempo memorable.

Tras la publicación de *Poemas porteños*, Isaacson sigue evocando la imagen de Buenos Aires en *Canciones* (1999), poemario concebido como un canto al amor. Es esta quizás una de las obras más depuradas de Isaacson. La expresión aquí se ciñe a lo estrictamente necesario, a la medida, a la palabra exacta. Sin embargo, en esta búsqueda de la desnudez, el vuelo poético cobra la riqueza y la agilidad que da un verso; digámoslo a modo martiniano: *sincero*. Es un poemario de bellas imágenes sensoriales que respira autenticidad, y en el que no falta la evocación de Buenos Aires en "Regreso a mi ciudad", "Tango de amor" o en "Acércate a mi sed", por nombrar ejemplos evidentes.

Con la publicación de *Un lengue sobre la voz*, en el año 2006, Isaacson incluye un poema titulado "Plegaria en forma de tango". En esta ocasión, el diálogo buberiano entablado con un Interlocutor –representado en mayúsculas por el pronombre personal de segunda persona– parece convertir el poema en un rezo. El discurso poético nos adentra "en la ciudad / de enloquecido asfalto" o en sus "calles queridas" a través de un diálogo que busca la autenticidad de un encuentro (13-14).

Un poema clave, para la comprensión del sentido y de la intensidad del canto porteño de Isaacson, se encuentra en "Preguntas varias". Es un canto directo y claro. En él se manifiesta sin dobleces, sin preámbulos ni balbuceos, la búsqueda de identidad. En este caso, la identidad de un hogar concreto: Buenos Aires. La voz pregunta. Y en su interrogación se percibe un eco interminable; una interrogación conduce a otra. Pero también constata, más allá de las razones, la aceptación de un destino:

> Qué es
> esto que somos,
> esto que transitamos
> día a día,
> noche a noche,
> tan juntos y tan solos.
>
> ...
>
> Sólo pregunto
> porque es una forma de hablarte,
> de quererte,
> de decirte:
> aquí estoy Buenos Aires
> caminando con tu gente,
> cumpliendo mi destino,
> el destino
> de quererte (*Un lengue* 22-23).

La exploración de la identidad, en su doble cometido –*i. e.*, tanto personal como nacional– es notable. Cabe suponer con legitimidad que el alcance de estos poemas va más allá de la ciudad natal, delineando un juego simbólico en el que la parte se toma por el todo. Bajo este trueque de sinécdoque, Isaacson recoge, a través de Buenos Aires, el latido argentino en su devenir histórico, social y literario. En este caso, puede decirse que el canto de Isaacson a través de los años celebra tanto la música de las calles bonaerenses como la vibrante diversidad de sus semblantes. Es un canto que brinda tributo, con un cariño no exento de sorna, a las costumbres e inolvidables recuerdos de un tiempo irrecuperable... Pero que pervive en los versos.

CAPÍTULO 4

EN TORNO A LA LÍRICA FILOSÓFICA DE *EL PASAJERO*

4. I. LA LLAMADA DE LA INSPIRACIÓN

> Desde un hondo murmullo
> me vienen las palabras
> que te dejo,
> las palabras que soy
> y que te entrego.
> Inútil testamento.
>
> José Isaacson, *El Pasajero* 95.

En 1969, la editorial Américalee saca a la luz en Buenos Aires la primera obra ensayística de José Isaacson, *El poeta en la sociedad de masas. Elementos para una antropología literaria*, y una breve colección de poemas titulada *El Pasajero*. Son dos publicaciones que alcanzan un hito importante en su carrera. Con esta primera obra ensayística, asienta Isaacson las bases de su humanismo; visión alentada por el pensamiento utópico de Martin Buber, que no sólo llega a desarrollar y a exponer en sucesivos ensayos, sino que también proporciona un marco intelectual a gran parte de su lírica. La publicación de *El Pasajero*, por su parte, ilustra claramente la relevancia que de ahora en adelante tiene para Isaacson el tema del tiempo, uno de los vórtices sobre los que gira su poesía. Varios poemarios preceden a esta publicación, todos ellos caracterizados –desde el inicial *Las canciones de Ele-í* (1952)– por su destreza y madurez literarias.[56] Con una voz personal y estilizada,

---

[56] *Calle Florida* también se publica en 1969 en el volumen prologado por B. Canal Feijóo. Preceden a la publicación de *El Pasajero*: *Canciones de Ele-í* (1952); *El metal y la voz* (1956); *Amor y Amar* (1960); *Elogio a la poesía* (1963); *Oda a la alegría* (1965) y *Oda a Buenos Aires* (1966). Con anterioridad a 1952, la lírica de Isaacson incluye "Buenos Aires-Jujuy", breve colección publicada en *El metal y la voz* (1956), que data de 1951. También *Oda a la alegría* se incluye en este mismo volumen de 1956, pero su composición data de 1952-1953.

El Pasajero preconiza los temas que se harán presentes en obras posteriores: el tiempo y sus enigmas, lo uno y lo múltiple, el poder y los límites de la palabra, los abismos de la paradoja, y la búsqueda del Origen o del Nombre.

Emergiendo de un hondo sentir y a través de un discurso transparente donde prevalece la reflexión filosófica, *El Pasajero* preludia obras como *Poemas del conocer* o *Plegarias*, por ejemplo, y atisba planteamientos que recoge más tarde su ensayística.[57] Está lejos de ser, sin embargo, una obra meramente transitoria. Anticipa este poemario, ciertamente, puntos álgidos en la producción de Isaacson, pero también es por sí solo, por la hondura que emana del juego imaginativo de sus metáforas, un hito en su carrera. Considerando el torrente de publicaciones que lanzan cada año las editoriales, nos hallamos aquí ante una obra nada voluminosa, a la vez que genial. Esta humilde colección depara en verdad páginas de inusitada belleza.[58] Cada poema fluye de manera natural y serena por un cauce que cala hondo en la lectura, llevando el ritmo a su meta final: al *encuentro*, o al común latido de la recepción.

El dominio y la autenticidad que revela *El Pasajero*, así como el refinamiento de sus imágenes, son por igual indicio de una profunda inspiración, lo que equivale a suponer que responden, como verdadera obra de arte, a la magia de la creación. Alfredo de la Guardia señala precisamente este rasgo en el estudio introductorio de esta edición. Para él, la poesía de José Isaacson "nos parece explícita y, sin embargo, como genuina poesía es misteriosa" (*El Pasajero* 12). Nos hallamos en todo caso ante un tema de sumo interés. Es preciso admitir el desconcierto que suscita un

---

[57] Sirve de claro ejemplo el breve compendio de reflexiones que componen *Teoremas* (2001).
[58] Componen este poemario un total de catorce poemas de generosa extensión.

hecho extraordinario, como es la génesis del acto creador. La dinámica que dispara la inspiración plantea al conocimiento un desafío que no es posible atender ni tampoco eludir, pues los mecanismos de la creación, fascinantes por el enigma que encierran, parecen burlar cualquier tentativa de análisis.

Lecturas detenidas de *El Pasajero* revelan una expresión desprovista de ropaje, pero vasta en intensidad y sugerencias, hecho que confirma gradualmente la profunda inspiración que recorre sus páginas. La intimidad que ofrece la voz en primera persona interna la lectura en un espacio de contactos y encuentros. El ímpetu creador infunde un estado de conciencia, o un contacto, donde los límites entre el Yo-Tú se eliminan y se confirman de un modo sucesivo; es el espacio de la *relación*, morada de las musas. Podemos recordar aquí, naturalmente, las palabras de Borges en el Prólogo a su *Obra poética 1923/1977*. Concluye este escritor sus observaciones afirmando que la poesía en verdad *es* misteriosa, ya que "nadie sabe del todo lo que le ha sido dado escribir" (22). Y añade: "La triste mitología de nuestro tiempo habla de la subconsciencia o, lo que aun es menos hermoso, de lo subconsciente; los griegos invocaban la musa, los hebreos el Espíritu Santo; el sentido es el mismo" (22).

La postura de Isaacson no es del todo diferente. De hecho, parece mantener un planteamiento afín, ya que para él la obra de arte, simbolizada en la escritura, responde a leyes propias; es decir, a leyes dictadas por la inspiración. En lo que a este tema se refiere, Isaacson enfatiza el concepto de *necesidad*, aludiendo a la sujeción del escritor –o del artista– a las fuerzas que gobiernan la génesis del acto creador. Se trata de un énfasis en nada arbitrario. Entran aquí en juego conceptos como *destino, designio* y *necesidad*. En el supuesto de que pudieran conocerse las leyes que rigen la escritura o el universo, tal conocimiento no restaría sometimiento alguno a dichas leyes. Cabe añadir que, para la lente panteísta de Spinoza y de Isaacson, esas leyes serían en definitiva "decretos de Dios".[59] Desde esta visión, la escritura se instala en el dominio de la libertad y la necesidad; una vez que se opta por un camino, el camino dicta el rumbo.

Cabe decir que la escritura es para Isaacson la *morada* que él identificó en Kafka, espacio íntimo convertido en sello de identidad y en refugio: "Y otra vez la escritura como punto de apoyo, como albergue, como regazo, como escudo definitivo y último" (*Introducción a los* Diarios *de Kafka* 73). Estas ideas, centrales en *Poemas del conocer*, aparecen ya con relevancia en *El Pasajero*. El poema "Un fuego negro sobre un fuego blanco" expresa que la palabra, aunque limitada y precaria, es también poderosa:

> Porque enorme
> es el poder de las palabras
> fue ordenado
> que el Nombre
> no se pronuncie en vano (*El Pasajero* 83).

Reflexionando sobre el poderoso canto de sirena que ejerce la escritura en Kafka, e identificándola como el acontecimiento fundamental de su vida, Isaacson se adentra en el minucioso análisis de sus escritos, del que no excluye los *Diarios*, convirtiéndose de esta manera, por la totalidad de los estudios dedicados a Kafka, en uno de sus intérpretes más ricos y penetrantes. Sujeto él mismo a la necesidad de escribir –como indica en *El Pasajero*: "Entretanto / mi mano mueve el lápiz / y en la página quedan / antiguos caracteres"–, Isaacson dirige su mirada progresivamente a la incógnita de la inspiración y de la escritura (84).

En el estudio que dedica a los *Diarios* de Kafka, aparece con plena relevancia la idea expresada en los versos

---

[59] Isaacson desarrolla estas ideas en la sección titulada "La escritura entre la libertad y la necesidad" en *Introducción a los* Diarios *de Kafka* (1977) 23-24. Se trata de la segunda obra que dedica a este escritor. La anterior, *Kafka, la imposibilidad como proyecto*, aparece en 1974.

anteriores; la escritura es un encuentro fraguado en el juego dialéctico de una acción sujeta a la libertad y a la fuerza indiscutible de la necesidad. Recogemos aquí la siguiente observación:

> Aparentemente, la página en blanco es el sostén de toda afirmación y de toda negación: parecería que el hombre que escribiendo vive puede disponer de las palabras a su entero arbitrio. No obstante, todo es mera apariencia, pues la libertad, en todos los órdenes, incluso en el plano de la escritura, continua, hegelianamente, siendo la conciencia de la necesidad (*Introducción a los* Diarios *de Kafka* 23).

La voz de *El Pasajero* implica la aceptación de dicha dialéctica, que en 1963, con la publicación de *Elogio de la poesía*, se manifestó como canto de alabanza. Hay que tener en cuenta aquí que para Isaacson la poesía no ha cambiado de estatuto; sigue siendo la más certera expresión de la condición humana. A partir de ahora, sin embargo, las vertientes de su discurso poético convergen en el tema central del *tiempo*, convirtiéndose en tópico inseparable de su lírica.

Para Isaacson, el tiempo es la morada humana, exilio que anhela el imposible retorno al Origen. Bajo esta concepción, nuestra "residencia en la tierra" está fundamentalmente hecha del material ilusorio del tiempo (y del espacio). Volvemos en definitiva a pensar con Shakespeare, con Calderón y con Borges que estamos hechos de la materia de los sueños.[60] El llamamiento hacia la metafísica es,

---

[60] Evocamos las palabras de Shakespeare (*The Tempest* Act 4, scene 1):
Our revels now are ended. These our actors,
As I foretold you, were all spirits, and
Are melted into air, into thin air:
And like the baseless fabric of this vision,
The cloud-capp'd tow'rs, the gorgeous palaces,
The solemn temples, the great globe itself,
Yea, all which it inherit, shall dissolve,
And, like this insubstantial pageant faded,
Leave not a rack behind. We are such stuff
As dreams are made on; and our little life
Is rounded with a sleep.

por lo tanto, imprescindible; la lectura bucea aquí en las perplejidades e incógnitas del mito.

El concepto del Origen es un punto de reunión en la obra de Isaacson sobre el que convergen vertientes teológicas y bíblicas. Desde una concepción del devenir como esencia humana, el Origen se otea en *El Pasajero* como horizonte imposible. El centro del poema es la transitoriedad de la existencia. El Ser que Es, sin embargo, se convierte en el canto de *Cuaderno Spinoza* (1977) y de *Plegarias* (1996); representa su verdadero centro. Esta atalaya teológica se levanta en la lírica de Isaacson, por un lado, sobre el panteísmo desarrollado en la afirmación ontológica del *Deus sive Natura* –la sustancia en su infinita permanencia y potencialidad–, y por otro, sobre la afirmación bíblica del Nombre. En estos casos, el punto de mira se enfoca en la eternidad, en la infinita permanencia del Ser. La lente que depara *El Pasajero*, sin embargo, centra su campo de visión en la transitoriedad de la existencia: la naturaleza es un espectáculo de cambios; de fines y principios, de tiempos simultáneos y de contingencias. El ángulo de esta obra, por lo tanto, proviene de una percepción de lo transitorio, una toma de conciencia centrada en la experiencia humana, espejo enigmático del tiempo.

4. II. LA ILUSORIA SUSTANCIA DEL TIEMPO

> Transeúnte entre las formas,
> a horcajadas de un hoy
> perpetuamente móvil,
> pasajero
> sin estación terminal,
> acepto mi destino.
>
> José Isaacson, *El Pasajero* 100-101.

El tiempo es el corazón que palpita en cada una de las páginas que componen *El Pasajero*. Sin duda alguna, la metáfora que da título al volumen ilustra el campo de visión de este poemario. La condición de *viajero* -transeúnte de jardines y calles bonaerenses, pasajero sin estación terminal- alude claramente al *movimiento*, uno de los factores determinantes de lo transitorio. Implícita en la idea de cambio está no sólo la sucesión de instantes en la medida del tiempo como duración, sino también la sucesión de puntos -contigüidad- en la medida del espacio como extensión. Aceptando las perplejidades y los callejones sin salida que el destino brinda al intelecto, los poemas incluidos en *El Pasajero* insinúan hábilmente el complejo nudo de contrasentidos que circunda tanto el concepto de *instante*, en la idea del tiempo como sucesión, como el de *punto* en la controvertida idea de extensión, o materia, que

George Berkeley pulverizó en el pensamiento occidental.[61] Tiempo y espacio son, por igual, una ilusión en *El Pasajero*; ilusión apresada con ductilidad a lo largo del poemario en la imposible coexistencia de opuestos. Son conceptos que se desvanecen y se desintegran en su representación metafórica. Se convierten en "móviles apoyos" o "inestables equilibrios" (58).

La imposibilidad de discernir un límite, un antes y un después –como expone Borges en el memorable ensayo "Nueva refutación del tiempo"–, o un aquí y un allí, basta para desintegrar la serie. En definitiva, Aquiles sigue corriendo sin dar alcance a la tortuga en un espacio y en un tiempo que son, por igual, infinitamente divisibles. Las aporías de Zenón otean el horizonte intelectual de este poemario, convirtiendo el tiempo y el espacio en espejismos ineludibles.

Es necesario observar aquí la red de planteamientos filosóficos que entretejen el texto con admirable sutileza y concisión. Se destaca en particular, a lo largo de todo el

---

[61] Véase la Sección 9, *The Principles of Human Knowledge*. En lo que respecta al concepto de materia, G. J. Warnock señala en el estudio introductorio de esta obra de Berkeley que, a pesar de ser minúsculo el paso dado por el obispo irlandés en relación con la doctrina de su antecesor, John Locke, abre sin embargo consecuencias de gran importancia: "*He was stirred into action primarily by his study of Locke, and in theory his position is most easily understood as the outcome of a very simple, but very far-reaching, amendment to the Lockean view*" (11). De hecho, ya Locke describe con ironía el infantilismo en la incapacidad de explicar o definir la sustancia: "*If anyone should be asked, what is the subject wherein Colour or Weight inheres, he would have nothing to say, but the solid extented parts: And if he were demanded, what is it, that that Solidity and Extension in here in, he would not be in a much better case, than the Indian before mentioned; who, saying that the World was supported by a great Elephant, was asked, what the Elephant rested on; to which his answer was: a great Tortoise: But being again pressed to know what gave support to the broad-back'd Tortoise, replied, something, he knew not what* (Chapter XXIII, "Of our Complex Ideas of Substances", 294-295).

poemario, el vuelo poético de las imágenes y la considerable agilización de un discurso cifrado, crípticamente, en la intensidad semántica de sus metáforas.

Una de las implicaciones de *El Pasajero* atañe a la concepción simbólica del tiempo como *exilio*; exilio sediento de volver al Origen. Esta idea cobra relevancia en *Poemas del conocer*. Según dicha concepción, la existencia humana está hecha del material ilusorio del tiempo y del espacio. La metafísica es, por lo tanto, referencia imprescindible en la lectura de estos poemarios, que en *Poemas del conocer* se sumerge totalmente en las incógnitas del mito.

El concepto del Origen, con amplias resonancias bíblicas y teológicas en la lírica de Isaacson, se convierte en el canto de *Cuaderno Spinoza* y de *Plegarias*. En estas dos obras, la infinita permanencia del Ser representa su punto de mira. *El Pasajero* y *Poemas del conocer*, sin embargo, centran su campo de visión en lo temporal. Su ángulo proviene de una percepción de lo transitorio, una toma de conciencia centrada en la experiencia humana del tiempo.

En *El pasajero*, la naturaleza se contempla como un espectáculo de cambios y ciclos; de fines y principios, de tiempos simultáneos y de contingencias. El tiempo va tomando carácter de irrealidad de manera progresiva, desvaneciéndose con él la entidad del espacio. Tiempo y espacio se perfilan como dos entidades conceptualmente inseparables y –por igual– ilusorias.[62]

La contemplación de los cambios a los que está sujeta la naturaleza configura este singular conjunto de poemas. Aquí, el esplendor otoñal, la belleza de los atardeceres, la evocación de árboles, viento, mar, pájaros y cielo componen un escenario apresado en el difícil equilibrio de una expresión que, apegada a la desnudez, da concesiones a juegos de imágenes donde palpita una honda emoción.

---

[62] Tal derrumbe inspira por entero *Poemas del conocer*.

La naturaleza –desde la humilde florecilla al esplendor del crepúsculo– se perfila en la conciencia de lo transitorio. El discurso poético crea, por consiguiente, una voz en el tiempo; una voz que reside en el imposible albergue de la movilidad.

En *El Pasajero* se poetiza el sentimiento; las metáforas recrean la belleza del entorno natural. Así, por ejemplo, en "Réquiem para una hoja" se reflexiona sobre la transitoriedad del tiempo y la irremediable llegada de la muerte, a la vez que imágenes sensoriales evocan la naturaleza con fina emoción. La hoja otoñal, protagonista del canto en este poema, simboliza un cosmos sujeto a metamorfosis y encaminado a su declive. Pero el canto acompaña su *pathos* con una apelación a la *belleza*. El paso del tiempo se ilustra en este poema con imágenes que representan el esplendor del cielo en sus fases y cambios de luces. Así, por ejemplo, "rosa sombría" propone una imagen que alude a la belleza del crepúsculo. Por su parte, el verso "[e]l azul fue su cosmos" simplifica el discurso a la vez que aumenta su intensidad, sustituyendo el sustantivo *cielo* por uno de sus atributos, en este caso, el color *azul*, para designar el día. La poetización del discurso juega también con la sinestesia. La expresión "bóveda callada", por ejemplo, convoca la imagen del firmamento sobre un entorno en silencio o dormido. En ocasiones, el impacto emotivo de la estrofa se concentra a modo de sacudida, o de revelación, en el último verso:

> [N]adie puede impedir
> que el otoño nos alcance
> esta hoja
> cayendo hacia la muerte.

> La savia se fue demorando,
> endureció sus fibras.
> ¿Cuántos rumores
> acumula

su crujiente sustancia?
El azul fue su cosmos,
el aire flexible
su eterno enamorado.
Doctora en vaivenes,
supo callar
cuando el crepúsculo
le alcanzaba su rosa sombría.
...
Su forma,
en mi voz impresa,
como una señal de humo,
hacia la bóveda callada,
se eleva.

"Ya" es otro de los poemas donde se destaca el juego imaginativo de sus metáforas. A través de la ambientación otoñal o de la presencia de atardeceres, árboles, flores y pájaros, puede observarse, como rasgo distintivo de *El Pasajero*, una moderada concesión al hechizo y riqueza plástica de las imágenes. También se destaca a lo largo de este poemario un canto que se va ahondando en la lectura, desprovisto de marcas cronológicas o generacionales; un ritmo en las estrofas cada vez más profundo, hasta el latido final del último verso, abierto a un instante de meditación, de vuelo, quizá de silencio.

El poema "Precario ser" muestra desde un punto de vista estilístico la preferencia ocasional por el verso breve.[63] A veces, la concisión parece cifrar una adivinanza. De manera críptica, se insinúa una revelación, de ahí que sea necesario prestar atención al desafío intelectual que se asoma en la aparente sencillez de los versos. Los dos poemas que cierran el volumen, "Martin Buber" y "El pasajero", dan clara muestra de un texto inmerso sutilmente

---

[63] No es un dato aislado, otros poemas en esta colección siguen el mismo modelo.

en planteamientos filosóficos; texto construido bajo una técnica que esquiva el dato fácil. Tal mecanismo, frecuente en la lírica de Isaacson, refuerza la clave de su hermetismo bajo la transparencia y sencillez de su discurso.

Consideremos los siguientes ejemplos: "Todo es igual / y nada se parece", presenta una estrofa en la que una sentencia simple encierra un planteamiento desconcertante. Los versos convergen en una reflexión sobre el tiempo. La caducidad y la muerte igualan los diferentes seres del universo. Otro caso puede encontrarse en los versos "[i]rreversible aventura, / diario milagro", donde la sentencia se abre a complejas interpretaciones que destacan lo *maravilloso* dentro de la humilde cotidianidad.[64] En la mayor parte de los casos, la unión de opuestos, la presencia del oxímoron –oculta por ejemplo en *diario milagro*, o explícita en *todo / nada*– conduce el poema al terreno de lo asombroso o sorprendente. La creencia en la magia del tiempo, oculta en su incomprensible y cotidiano ser, recorre las páginas de este volumen.

Varias son las metáforas empleadas para hacer referencia al tiempo o a lo temporal. Recogemos aquí algunas de ellas:

> Precario estar
> midiendo instantes
> que no nos pertenecen.
>
> Latido sideral,
> vibrante cosmos nuestro.
> Cada cosa pulsando
> con tu tictac diferente,
> inscribiendo duraciones,
> integrando la eternidad (*El Pasajero* 39-40).

---

[64] Estos ejemplos están tomados del poema "Precario ser" (*El Pasajero* 40).

Este fragmento del poema "Precario ser" presenta una de las metáforas de mayor destello en la poesía de Isaacson: el *latido*, el *pulso*. El tiempo se concibe aquí como *ritmo*, noción que implica la idea de instante y de secuencia. Se incide, de esta manera, en la creencia –tan controvertida como necesaria– del tiempo como *sucesión* de instantes. Por otro lado, con la implícita referencia al corazón –sin latido, no hay vida– el tiempo se retrata como condición de la posibilidad de lo humano. Esta idea, que recorre también las páginas de *Poemas del conocer*, establece en la lírica de Isaacson vínculos filosóficos, formando un entramado de nudos y conexiones con temas fundamentales de la metafísica, como son el espacio, la conciencia, lo uno y lo múltiple, la identidad y, entre otros temas, los límites del conocimiento y de la palabra.

Preguntarse por el sentido del tiempo es preguntarse por el sentido del ser, buscando en último término la justificación de la existencia. Y si la voz poética se torna en aserción, es probablemente para subrayar un hecho que, más allá de los límites de la verdad o de lo verosímil, nos instala en el terreno de la insólita paradoja y la perplejidad.

Versos dotados de belleza aluden a un universo transido de tiempo: "Latido sideral / vibrante cosmos nuestro" (39-40). En este poema titulado "Precario ser" se subraya también la creencia de que la vida es, ante todo, un milagro recurrente y asombroso:

Irreversible ciclo,
diaria aventura,
inadvertido milagro:
estar
entre las formas,
palpar,
sus ritmos esenciales,
oír
el propio latido

reflejado en el palpitar
de cada cosa (39).

Los términos *latido, pulso, reloj, péndulo* dejan huella en las páginas de este poemario. Con ellos, el instante, la sucesión y la repetición marcan, con su indescifrable ser, las vivencias cotidianas. Otro tipo de metáforas empleadas en relación con el tiempo son imágenes procedentes de fuerzas naturales, por ejemplo, *mar, oleaje, manantial, vendaval, llama*... En realidad, no hay en este volumen de poemas una concepción de lo temporal que pueda tomarse como única y exclusiva. Al contrario, se emplea una variedad de ideas para enfatizar las múltiples caras de un enigma. Junto a la concepción lineal, el texto presenta también la idea del tiempo espiral o cíclico, evocando la repetición de días y costumbres a lo largo de los años, o el cambio de estaciones en una sucesión de vida y muerte. El texto incluye a su vez referencias a la simultaneidad de tiempos, dando muestra de la complejidad que encierra este tema medular.

Un momento para nacer, otro para morir y un interminable tiempo de espera, de recuerdos, de expectación y sueños. Lejos de retratar el paso de los días y el cambio de las estaciones con abundantes imágenes descriptivas, el texto evoca dichos cambios apelando a un dato mínimo, pero contundente, de lo cotidiano. Junto al paso de las horas, junto a la repetición de los días, el discurso poético recoge también la simultaneidad de tiempos. "Esperando la flor de un palo borracho", uno de los poemas más bellos y emotivos de la colección, ilustra esta tendencia. El libro del *Eclesiastés* late, sutil y profundo, en todo el volumen, muy especialmente en los versos de este poema que honra la memoria de don Isaac, el padre del poeta, gran admirador y entusiasta del Libro.

Escrito con espíritu de elegía –con la evocación final de la muerte del padre– "Esperando la flor de un palo borracho", *narra* una historia autobiográfica en la que se presenta con ternura un cuadro familiar sumido en el trascurso del tiempo.[65] La anécdota inicial evoca la intimidad de un momento compartido, mostrando a la familia del poeta plantando el retoño de un árbol:

> Te arropamos
> como si fueras un niño pequeño
> y cuidamos
> que la helada no quemara
> tu corazón de árbol niño (73).

Después, el poema evoca el paso de los días, de las estaciones, de los cambios y, sobre todo, de la *espera*, término cubierto de simbolismo. El discurso poético recrea progresivamente una espera que se convierte en vigilia constante, en expectación fiel y esperanzada. La personificación del árbol, reforzada en la forma dialogada del discurso, intensifica la intimidad del ambiente. También el simbolismo de la espera, proyectado en la llegada de la primera flor, se acompaña con imágenes plásticas de gran poder evocador:

> Día a día
> fuiste creciendo
> y una coraza de espinas
> fue protegiendo tu tronco
> y conociste
> la ternura del aire
> y tus primeras hojas
> naufragaron
> en el oro celeste y sombrío
> de las tardes.
>
> Los días

---

[65] Don Isaac fallece el 15 de noviembre de 1963.

> que todo lo deshacen,
> te fueron construyendo.
> Entre tantos tiempos
> simultáneos,
> el de crecer te correspondía
> y mientras elevabas
> nuevas arpas
> para el viento.
> nuevas y aéreas estructuras,
> yo seguí aguardando
> que amanecieran tus flores (73-74).

El poema incide, como ningún otro texto de esta colección, en la simultaneidad de tiempos: los días deshacen y construyen simultáneamente; vida y muerte coexisten, borran, a la vez que afirman, sus límites.[66]

Con un golpe de amarga ironía, el curso de los días concede el cumplimiento de lo esperado, arrebatando al mismo tiempo –con la muerte– la dicha. En una acción simultánea, que da y quita; en un trueque de ilusión cumplida y pérdida irreparable, la lectura vuelve a instalarse en el desconcierto. El poema termina retratando con profunda y serena emoción la figura del padre muerto: "Nunca estuvo el tiempo / más inmóvil" (77). La llaga que el péndulo marca se insinúa en el silencio que parece invadir las estrofas finales. Un imaginario diálogo de despedida ante el cadáver surge al final: "Muy pronto / otra vez seremos / una misma carne con la tierra" (78). Y mientras la mirada se pierde más allá..., se divisa el temblor violeta de la primera flor. El poema transforma su tono en una elegía sencilla y reveladora.

---

[66] *Cuaderno Spinoza* reitera esta idea, como muestra la siguiente estrofa:
Conservar mi ser
es
conservar la ambigüedad,
este sí y este no simultáneos
que marcan mi destino (35).

"Ya" es otro de los poemas de singular belleza. Recogemos aquí, sin ánimo de agotar las implicaciones del texto, algunas notas significativas.

Hay, como de entrada indica su título, un énfasis en el *presente*. Esto significa un énfasis en lo que se considera la magia inapresable del instante, dado que su variable límite no deja de ser un "móvil apoyo" en la serie de instantes infinitamente divisibles (58). El concepto de unidad se desvanece; las horas, los minutos y los segundos que constituyen y devoran la vida humana se esfuman, dejando entrever su sorprendente –y alarmante– *inexistencia*. Volvemos, por lo tanto, a las antinomias de Zenón; volvemos a la coincidencia de ideas entre Borges e Isaacson y a la fascinación que los dos comparten a lo largo de sus obras por la naturaleza del tiempo. Poemas como "Todavía", "Ya" y "Para subrayar la sombra", compuestos en clave, afirman la tensión interna de palabras en su intento por apresar un enigma. Son composiciones que se esfuerzan por hacer inteligible el presente. "Para subrayar la sombra", de hecho, además de ser un texto singularmente bello, puede leerse como un poema *crítico*, ofreciendo en este caso una de las interpretaciones más concisas –y certeras– de las reflexiones que Borges lleva a cabo en su memorable ensayo "Nueva refutación del tiempo". Isaacson alude de manera paralela a la entraña del debate, optando por una forma de expresión lírica, como muestra con destreza inigualable la siguiente estrofa:

> Furtivo cazador
> en los bosques
> que el tiempo señorea;
> ingenuo gozador
> de unos instantes que nunca fueron tuyos;
> murmurante límite
> entre dos silencios
> igualmente irremediables,

apenas una chispa
para subrayar la sombra (70).

De haber conocido Borges estas concisas reflexiones, no hay duda de que habría apreciado tanto la lógica de sus implicaciones, como la creatividad y belleza de sus metáforas. Las ideas connotadas en "murmurante límite / entre dos silencios irremediables" bien pueden aludir a la imposibilidad de discernir entre un *antes* y un *después*, un *aquí* y un *allí*, una demarcación o un límite. Se vislumbra, por lo tanto, la conmoción que despiertan las antinomias de Zenón. El mundo, que se extiende a lo largo y ancho ante nuestra vista en el curso del tiempo, parece ser el trasunto de una ficción. ¿Acaso –nos preguntamos con Borges– estamos dispuestos a tocar nuestro concepto del universo, "por ese pedacito de tiniebla griega"? (*Obras completas* I, 248). ¿Acaso la niebla da forma a nuestra realidad, a nuestro delirio? La poesía de Isaacson se sumerge, con Kafka, de lleno en ella:

> El mundo de Kafka *parece* un mundo delirante pero, por el contrario, es el mundo en el que el delirio es una realidad, es el mundo en el que el hombre eleva los proyectos imposibles que su empecinamiento, tal vez, tornará posibles. Los héroes de Kafka, como Sísifos multíplices, prosiguen empujando la piedra aunque sepan que la cima no es su destino (*Introducción a los* Diarios *de Kafka* 40).

Desde el plano de las postergaciones kafkianas, desde una búsqueda permanente sin salida, puede hablarse también de la infinitud de una espera que se convierte en sombra. Simbolizado por el término *sombra*, el carácter irreal de esta entidad –equiparable a la vida en la caverna del mito platónico– se destaca a lo largo del poemario, y se ilustra específicamente en este volumen a través del poema titulado "Para subrayar la sombra".

Necesario es observar, en todo caso, los factores distintivos de Isaacson en su intento por rebasar las aporías de Zenón partiendo de un personalismo buberiano o bíblico. La función del pensamiento dialéctico le depara un nuevo horizonte. En este sentido, el énfasis ya no cae sobre una realidad discreta y congelada –sobre un yo ficticio y asilado–, sino sobre un Yo-Tú, realidad dinámica y circular, en tanto que es *relación*. La filosofía de Buber, sin restar otras vertientes al pensamiento de Isaacson, apunta hacia una mostración del Ser en la dinámica del Yo-Tú. Del punto y la idea estática se pasa a la relación. Dicha visión, implícita en el poema "Martin Buber", recorre invariablemente los escritos posteriores de Isaacson. El énfasis en lo transitorio, sin embargo, centraliza el discurso de *El Pasajero*, prolongando su devenir en *Poemas del conocer* y en la intensidad alegórica de *La realidad metafísica de Kafka*, obra de indudable espíritu poético.

Si la existencia se muestra en la inmediatez de la presencia, la inteligibilidad del presente, sin embargo, muestra su ser esquivo. Ese "móvil apoyo" que retrata el poema "Ya" trasmite su incógnita al resto de la producción lírica de Isaacson. Así, por ejemplo, la voz de *Cuaderno Spinoza* confiesa: "No puedo / demorarme en el instante / definido / por su permanente huida" (35). Vuelve a incidir el discurso poético en la tensión que caracteriza la unión de conceptos incompatibles, dinamismo que recorre con gran creatividad las páginas de *Poemas del conocer*.

Hay también en el poema "Ya" la reflexión sobre un tiempo *cíclico*: momentos, días y hábitos que inciden en el mecanismo de la repetición. Nada más cerca de la realidad cotidiana que el sistema de repeticiones y hábitos que componen el ser de los días. Sin embargo, esta concepción del tiempo aparece en el poemario, como cualquier otra de sus representaciones, con su invariable halo de desconcierto. "Por aquí anduve ya", reza el texto:

> ... memoria de tanto gesto igual
> y repetido.
>
> Repetida historia de los días
> acumulando
> inexistentes horas
> y algunas imágenes
> que apuntalan mi existencia
> con móviles apoyos (57).

Estamos, pues, hechos de tiempo, pero las horas que nos consumen no existen.

Puede señalarse que hay también en este poema un rico juego intertextual. En efecto, probablemente aquí más que en ninguna otra de las composiciones incluidas en este volumen, el texto dialoga con otros textos subterráneos, hermanándose con ellos en la conciencia del dolor y la belleza, en la visión donde se perfila el rostro del tiempo.

Al invocar el canto de un pájaro, "Ya" entabla un diálogo con el célebre poema "*Ode to a Knightingale*" de John Keats, oda inspirada en el canto feliz de un ruiseñor, en contraste con la conciencia del dolor y de la muerte.[67] Isaacson recrea con bellas metáforas la admiración hacia este humilde ser, que Keats describe libre de congojas. La eliminación del raciocinio y de la conciencia humana, morada del tiempo, define la agilidad de unas alas que

---

[67] Conciencia de la fugacidad captada de esta manera por Keats en la siguiente estrofa:
Fade far away, dissolve, and quite forget
What thou among the leaves hast never known,
The weariness, the fever, and the fret
Here, where men sit and hear each other groan;
Where palsy shakes a few, sad, last grey hairs,
Where youth grows pale, and spectre-thin, and dies;
Where but to think is to be full of sorrow
And leaden-eyed despairs;
Where beauty cannot keep her lustrous eyes,
Or new Love pine at them beyond to-morrow (286).

ignoran la repetición, el discernimiento de lo igual y lo distinto, el ayer y el mañana. "Resbaladizos, / inestables equilibrios" nos acompañan. El poeta canta un destierro que admira el vuelo firme de la libertad:

¿Y qué se hizo
de ti, cantor pequeño,
emplumado corazón,
flauta volante
pungente manantial de la alegría?

¿Qué se hizo de ti, señor del aire,
en qué rama
se enredaron tus notas,
los apuntes de tu historia,
el errátil
pentagrama de tu risa?

Te nombro
y afirmo mi existencia
con el recuerdo
de aquella hora lejana
y nuestra.

Tiempo igual compartido
y distinto (58-59).

El rico despliegue de metáforas sensoriales usadas en la descripción del pájaro resalta la idea de una belleza y una libertad fuera de la cadena del tiempo. Dichas cualidades miden su infinitud, en contraste con la limitación de la vida humana. El encuentro de estas realidades se afirma en el canto y en el dolor que traen consigo las facultades cognitivas. Libertad y felicidad se afirman como conceptos ajenos.

Además de evocar sutilmente a John Keats, a Horacio y a otros poetas, y tras la carga intelectual de los versos, el poema "Ya" se distingue a su vez, como puede comprobarse en las estrofas citadas, por la riqueza imaginativa que brindan sus metáforas.[68] En ellas vuelve a asentarse la vida humana en el terreno de la paradoja; el tiempo, morada humana donde se fragua la identidad y la memoria, es igual y es distinto. También puede colegirse que la identidad del individuo es *una* y *muchas* en el transcurso de los días, en la sucesión de horas inexistentes que configuran una ilusión.

A medida que se avanza en la lectura de *El Pasajero*, las nociones de espacio, tiempo e identidad van delineándose como ficción. Siguiendo el espíritu del *Eclesiastés*, la realidad humana se asienta sobre vanas y engañosas percepciones. El espacio, desprovisto de las caracterizaciones comunes que proyectan nuestras creencias, se torna "en medida del tiempo", dado que la vida humana no se desarrolla en un *espacio* propiamente dicho (99).[69] En este sentido, *ser* equivale a *estar* en el tiempo, en la sucesión ilusoria de días.

Según se desprende del entramado filosófico de este poemario, estar en un *lugar* supone hablar de manera figurativa, ya que estar presente equivale a estar en la *conciencia*, como insinúan hábilmente los versos "Desde aquí mismo / y desde dentro", pertenecientes al poema "Para subrayar la sombra" (69). La misma metáfora del título, *sombra*, destaca la condición ilusoria de la existencia.

---

[68] Junto a Keats, puede establecerse también un diálogo con *Coplas por la muerte de su padre* de Jorge Manrique.

[69] Ver también el estimulante e irónico ensayo de Borges "La penúltima versión de la realidad", donde se sostiene de manera similar que el espacio es "un incidente en el tiempo" (OC I, 200). Hay que tener en cuenta también, sin embargo, el carácter spinoziano que, en última instancia, depara la obra de Isaacson. Según se indica en el apartado "Ser/Estar" de *Teoremas*, se trata de dos entidades inseparables ya que son "dos voces antagónicas que finalmente se reconcilian en la realidad fluida y dinámica. Realidad que sólo puede ser cuando está y que sólo puede estar porque es" (26).

La *conciencia* protagoniza el canto. No es de extrañar que la voz en "Para subrayar la sombra" dirija la reflexión hacia las diferentes vertientes de la interioridad:

Desde aquí mismo
y desde dentro,
en este estar siendo
un continuo darse cuenta,
un continuo estar midiendo
longitudes de onda,
corpúsculos,
sabores,
sentimientos.
Todo
desde aquí mismo,
desde dentro (69).

Se colige, por lo tanto, la amplitud –y la carga– de la condición humana, en continua búsqueda. El *ámbito* de la conciencia se proyecta sobre sentimientos, ideas, sensaciones, expectativas y temores que miden, por igual, la realidad; que miden la extensión de sus esperanzas y anhelos en el fluir del tiempo.

Como se ha observado, *El Pasajero* presenta en su compleja red intertextual un diálogo constante con diversas fuentes de inspiración. Junto a Keats, puede detectarse el latido de Schopenhauer en sus versos. Siguiendo sus huellas, la conciencia se retrata como *voluntad*, tendencia que ilustra en especial el poema "Para subrayar la sombra". Pero los puntos de conexión medulares proyectan el poemario, en su totalidad, a un diálogo con el *Eclesiastés* y con Martin Buber, de hecho el poema "Martin Buber" se incluye en las páginas finales de *El Pasajero*. Los puntos de encuentro con posiciones budistas son también significativos en lo que a este tema respecta; la *res cogitans* cartesiana, vista en su condición de deseo o querencia, viene a definirse como sufrimiento. Recordemos en este sentido el interés que el mismo Buber mostró por el budismo y las doctrinas hinduistas de los *Upanishades*, presente también en Schopenhauer. El "continuo darse cuenta" y la experiencia sensorial son –en el poema "Para subrayar la sombra"– datos de la conciencia que se dan en la amplitud del *cogito* cartesiano; experiencia en este caso relacionada y sujeta empíricamente al mandato de la voluntad, facultad siempre "en perpetua rebelión / desmesurándose por ser" (69).

En *Die Welt als Wille und Vorstellung*, Schopenhauer desarrolla un análisis de lo que él considera el amplio dominio de la voluntad, que para Isaacson bien puede ser el continuo anhelo que inunda la presencia del tiempo: la querencia "siempre sedienta, / que inútilmente clama" (70).[70] El lirismo de "Para subrayar la sombra" eleva el discurso poético a un nivel donde la dimensión estética y la filosófica recorren un mismo camino:

> Dolorido de fugas de ayer,
> intentando el rescate
> de perdidas imágenes
> y en el deseo
> acumulando
> imposibles mañanas (70).

Esta idea recorre también *Poemas del conocer*. Así, por ejemplo, en el poema "Scherezade" se lee: "El día / es más breve que mi sed" (46). A su vez, el poema "Enarbolo la palabra" continúa el uso de la metáfora para expresar la misma idea, subrayando su intensidad: "En mares de sed / una gota de vino / no basta" (22). Esta concepción llega a tener una nota distintiva en la obra de Isaacson, ya que la visión de la voluntad –el concepto desarrollado por Schopenhauer bajo el término *Wille*– se funde en las páginas de Isaacson con su permanente adhesión al ser de

---

[70] Isaacson trata explícitamente algunas de las ideas de Schopenhauer en el ensayo "Preferir/Preterir" de *Teoremas*.

Spinoza. En este sentido, la manifestación de la voluntad no es sino la tendencia de cada ente a persistir en su ser. Recogemos aquí, como ilustración de esta idea, una estrofa perteneciente al poema "Al organista de St. Thomas", incluido en *Poemas del conocer*; poema que representa un elogio a la Belleza a través de la música, armonía pitagórica, y donde la presencia sigilosa de Spinoza parece palpitar en el universo de Schopenhauer:

> Ante el latido
> fugaz
> de las constelaciones
> todo tiende a persistir
> en su ser,
> y el clamor
> de la débil sustancia
> se estructura
> en ojivales melodías,
> en manos extendidas
> o muy juntas.
>
> Es lo mismo,
> y nada importa,
> si el nombre que impetramos
> es el Nombre
> que no se pronuncia
> en vano (*Poemas del conocer* 90).

Puede afirmarse que la visión de la vida humana en términos que equiparan su entidad a una *sombra* deja vislumbrar, en conjunto, un paralelismo entre Isaacson y Borges. Se trata de una semejanza que no es casual ni tampoco arbitraria, ya que es necesario tener en cuenta que estos dos escritores están exponiendo con originalidad creencias que, en su tiempo, desarrolló Macedonio Fernández en su círculo de amistades. Es considerable la estela que dejó su carismática figura en generaciones posteriores. No es de extrañar que Isaacson dedique una obra monográfica a este pensador argentino.[71]

Desde un punto de vista epistemológico se cuestiona el conocimiento de la realidad. Tanto el tiempo como el espacio quedan en *El Pasajero* reducidos a ficción. La inmediatez de la conciencia y de la voluntad requiere para su comprensión un tiempo presente; de hecho los conceptos *inmediatez* y *presente* parecen guardar una relación de sinonimia. Pero si la única forma de existencia es el *ahora*, ¿cómo delimitar su inmediatez? La realidad del instante parece desvanecerse irremediablemente en un ayer:

> La palabra mañana
> es tan sólo otro hoy,
> el mismo hoy prolongado
> en ese hoy que ya es un ayer
> irremediable (99).[72]

Son, en definitiva, varios los poemas de *El Pasajero* con una referencia explícita al tiempo en el mismo título: "Esquina con relojes", "Todavía" y "Ya" (estos dos últimos dejando de manifiesto el interés en el presente).[73] Todos los textos que componen este intrincado y bello poemario son, verdaderamente, diferentes variaciones de una misma composición musical: un canto al *tiempo*; a la memoria del ayer, a la inapresable fugacidad del hoy en un deseo "acumulando / imposibles mañanas (70)".

---

[71] Ver *Macedonio Fernández, sus ideas políticas y estéticas*, Buenos Aires, Belgrano, 1981.

[72] Recordemos a Manrique:
Pues si vemos lo presente
cómo en un punto se es ido
y acabado,
si juzgamos sabiamente,
daremos lo no venido
por pasado (Copla II).

[73] Los poemas de esta colección llevan, en su mayoría, una referencia al tiempo en su título. "Partida de nacimiento", "Réquiem para una hoja", "Esperando la flor de un palo borracho" y "El pasajero" llevan de manera implícita dicha alusión.

Dialogando con diferentes textos filosóficos e inspirándose en el *Eclesiastés*, la voz poética de *El Pasajero* construye su canto sobre el fluir cotidiano y milagroso de los días. Tiempo y espacio eliminan sus diferencias en esta obra. El poema "Para subrayar la sombra" reduce el espacio a un *modo* de conciencia, descartándolo plenamente como ilusorio, y "El pasajero", poema que cierra el volumen, vuelve a cuestionar dicha diferenciación subordinando plenamente la coordenada espacial a la temporal: "El espacio / se nos convierte / en medida del tiempo" (99). "Un mismo lugar", una de las composiciones de *El Pasajero* que, como sugiere su título, vuelve a verter su énfasis en el tema del espacio, corrobora de manera tácita, incluso cómica, el espejismo que se trasluce en el deliberado galimatías de conceptos referentes a la representación espacial. *Aquí* y *allá* se convierten, con humor y sarcasmo, en términos extrañamente intercambiables. Evocando las perplejidades de la física cuántica, el poema nos traslada a un espacio ficticio:

> Y los mismos pasos,
> todavía míos,
> sobre las mismas piedras
> dibujan
> su trayectoria indecisa,
> imprecisa,
> fluctuante desde aquí
> hasta allá,
> desde allá hasta aquí.
> Sin que allá sea,
> estrictamente, allá,
> ni se sepa
> dónde comienza aquí.
>
> Y allá es, a veces,
> aquí,
> Sin que por eso aquí
> deba ser allá (49).

No es la primera vez que la ironía se hace sentir en el texto; también acompaña a otras composiciones de este volumen.

El Pasajero destaca la *sombra* en la existencia humana; también su contrasentido. Cabe suponer, por lo tanto, que llegados a este punto alcanzamos una conclusión definitiva. Pero el pensamiento de Isaacson no se detiene ante el estatuto ficticio de la realidad. Tampoco lo niega. Para él, en última instancia, *ser* y *estar* son voces que reconcilian sus diferencias en la fluidez de una realidad dinámica. El espacio queda sustituido por la *res cogitans*. Pero la conciencia –el *cogito* cartesiano de pensamientos, sensaciones y esperanzas, si se prefiere– se convierte en la obra de Isaacson en recinto del canto que, en esencia, es recinto de la *relación*.

Conviene percatarse también de que, afincada en el exilio, la voz del canto tiende a transformar el encuentro en salmo o plegaria. Si el ser se concibe en términos de un estar presente en la *conciencia*, esta postura equivale a sostener –como deja intuir *Poemas del conocer*– que estar es, fundamentalmente, estar en la *palabra*. Y la palabra es el asiento de la relación, así como la promesa del encuentro. La palabra se convierte, por lo tanto, en albergue humano y, en última instancia, en el espejo que le devuelve su rostro.

Si por un lado el yo personal se desintegra, desde una perspectiva epistemológica que cuestiona la justificación racional de su existencia, por otro, sin embargo, viene afirmado como entidad relacional. Tal hecho se subraya en un texto emblemático de *Poemas del conocer* titulado "Entre". Y obras como *Cuaderno Spinoza* o *Plegarias* lo confirman plenamente. Es decir, por un lado, la obra de Isaacson simpatiza con Hume y Wittgenstein, como se desprende de *Poemas del conocer*. Comparte con ellos la franqueza de una postura escéptica anidada en la perplejidad, pero que descarta –como lo hizo Hume– un pirronismo radical por su total inviabilidad o parálisis. Con Wittgenstein, afirma Isaacson que todo punto de partida epistemológico, lejos de ser un axioma, se reduce a una aceptación convencional. Pero acepta en su fantasía teológica, por otro lado, la propuesta del *Deus sive Natura*:

> El Rostro de todo lo que existe
> me integra en sus Rasgos.
> Sé y siento,
> aunque no sepa explicarlo,
> que nos pertenecemos,
> que somos,
> igualmente imprescindibles (*Poemas del conocer* 10).

El camino filosófico que recorre la obra de Isaacson no se detiene ante el carácter irreal de la vida humana; continúa delineando su derrotero no sobre un concepto de identidad estática e inmóvil, sino sobre una realidad dinámica y relacional. Bajo esta visión personalista –teniendo en cuenta la vertiente buberiana de su pensamiento–, la conciencia deja de ser un espejo que reitera o copia el mundo para convertirse en una entidad que interpreta, evalúa o juzga.[74] La conciencia se convierte en morada del tiempo, o en otras palabras, del exilio.

El carácter de irrealidad que depara la existencia humana es esencial en la lírica de Isaacson e indispensable en su pensamiento. No obstante, conviene tener en cuenta que dicha creencia está lejos de agotar el sentido de su producción literaria. La estrofa final de *El Pasajero* abre el pensamiento de Isaacson a la vertiente teológica de su obra, en la que esta vez el Yo se afirma en relación con un Tú bíblico que sueña el mundo:

> Y aunque yo me disuelva
> entre los tenues telones
> del crepúsculo

---

[74] Ver "Preferir/Preterir" en *Teoremas* 60.

> cuando mi Padre despierte,
> acepto mi destino.
>
> Yo soy
> testigo de su sueño (102).

Junto a la postura escéptica, en la obra de Isaacson se abre con paso firme la apelación bíblica de una fantasía teológica que marca su proyección y su propia voz.

CAPÍTULO 5

EN TORNO A LA LÍRICA FILOSÓFICA DE *POEMAS DEL CONOCER*

5. I. CONÓCETE A TI MISMO

> Oscilamos entre el crecimiento y la destrucción, entre las distintas luces del amanecer y del crepúsculo, nos vamos yendo en la duración de los días, pero no hemos aprendido a resignarnos al instante que nos fue concedido y desde el cual podemos vislumbrar el inalcanzable milagro de la eternidad.
>
> José Isaacson, *Teoremas* 152-153.

El libro *Poemas del conocer*, publicado en 1984 y posteriormente en el año 2004 en una edición bilingüe en francés y español, supone una verdadera cima en la producción literaria de José Isaacson.[75] Su impacto se dejó oír en Francia a través del crítico Paul Verdevoye, y en Estados Unidos por medio de Thorpe Running principalmente, pero ya en la misma Argentina, cuando en 1984 apareció la primera edición, Gregorio Weinberg no dudó en calificar el poemario como "uno de los libros más originales que he leído".[76] Compuestos en la década de 1970, estos poemas ilustran las bases epistemológicas de una postura

---

[75] Esta segunda edición cuenta con el estudio introductorio de Beatriz Curia, donde se acentúa el perfil filosófico de Isaacson. Apelando a rasgos distintivos, Curia presenta un detenido análisis de poemas y temas relevantes. Excluye esta segunda edición el compendio de *pretextos* –fragmentos de índole literaria, filosófica, y artística– antepuestos en la edición anterior a los poemas. La versión francesa del poemario, a cargo del hispanista Paul Verdevoye, profesor emérito de la Sorbona, incluye la traducción del estudio introductorio de Beatriz Curia a cargo de Alicia Bermolen.

[76] Norberto Silvetti Paz recoge estas declaraciones en la carátula de la primera edición de 1984.

que, siendo fundamentalmente escéptica, no renuncia al horizonte utópico de la existencia, tan necesario como inalcanzable; ni renuncia a la vivencia del mito en el ámbito de la *relación*, en la morada de un *encuentro* que define el cosmos.

Como alude de manera tácita el título del volumen, *Poemas del conocer*, y como esclarece "La pregunta destruye el Jardín", poema inicial, nos trasladamos al mito bíblico del Árbol. Se subraya aquí la necesidad innata de conocer, enfatizada por Aristóteles al comienzo de su *Metafísica*.[77] Junto a la apelación al mito, y emergiendo del trasfondo teológico de Spinoza y Buber, el protagonismo del *devenir* se transforma en una morada kafkiana, albergue minado por una lucha interna donde se asienta y palpita el contrasentido. La conciencia se convierte en el espacio de un encuentro hecho de tiempo y lenguaje.

Desprovisto de marcas generacionales, el canto de estos poemas viene reflejado conceptualmente en juegos de metáforas que se vinculan con la identidad, la relación, el lenguaje, el conocimiento, la unidad / multiplicidad, y el tiempo, por supuesto, en su sed de eternidad (vertientes todas ellas en las que se inmersa de lleno esta obra de Isaacson). Cabe suponer, tanto por el calibre intelectual de esta colección de poemas, como por la sensibilidad de sus metáforas y la profunda desnudez estilística de su discurso, que nos hallamos ante una de las producciones líricas más destacadas de la época.

---

[77] Es frecuente en Isaacson la apelación a esta condición innata. Recogemos la siguiente cita de *Teoremas*: "Desde las primeras palabras de su *Metafísica*, Aristóteles afirma: 'el hombre tiende por naturaleza a conocer.' El Estagirita define, así, el conocimiento como lo esencial humano" (99). Añade Isaacson la siguiente observación en la que esclarece su pensamiento: "Pero el conocimiento no nos es dado como un regalo; el conocimiento es un camino" (T 99). Subrayemos, por lo tanto, el concepto *camino*, idea antepuesta a la meta. El proceso dialéctico del conocimiento se abre constantemente a nuevos interrogantes.

Poemas del conocer conecta íntima e ideológicamente con gran parte de la producción literaria de Isaacson. Pueden trazarse conexiones significativas con publicaciones dentro de su ensayística: con el espíritu aforístico de *Teoremas* (2001) o la honda intuición de *La realidad metafísica de Kafka* (2005), joya de inapreciable valor. De hecho, tanto *Poemas del conocer* como *La realidad metafísica de Kafka* se desdoblan en varios niveles de interpretación –el alegórico, el bíblico, el teológico e incluso el místico–, permitiendo un diálogo intertextual con *Plegarias* y *Cuaderno Spinoza* o con textos bíblicos y filosóficos.

Aristóteles, Descartes, Spinoza, Kant y Wittgenstein palpitan sigilosamente en estas páginas de Isaacson.[78] En la nota preliminar de la primera edición del poemario, Isaacson hace la siguiente observación: "Aunque asumo la responsabilidad de este libro, su texto admite muchos cómplices". Y añade: "Si no puedo delimitar con precisión lo que es mío, puedo, en cambio, afirmar que he vivido las sucesivas escrituras como pasiones" (i). La devoción a la metafísica y a planteamientos estéticos se trasluce en el diálogo que el texto entabla con diferentes fuentes filosóficas, vibrando en la llaneza de su discurso y en el vuelo de sus metáforas.

A su vez, la alegoría bíblica se ilumina de asombros y contrasentidos. A través de un cuestionamiento planteado con franqueza, la voz filosófica revela su condición de intemperie. En una nota que recoge el prólogo de *Plegarias*, el propio Isaacson señala abiertamente las fuentes de inspiración más comunes de su obra: "Lejanas raíces nutren estas plegarias: el Génesis, los Salmos, la mística judeocristiana. Ellas emergen del proceso cultural que en Spinoza tiene un notorio punto de inflexión. El *Deus sive Natura* es el Rostro integrador del Universo" (9). Es, pues, una incidencia

---

[78] Puede afirmarse lo mismo de *Teoremas*.

temática que se torna en marca distintiva. Spinoza, Kafka y Martin Buber miden la sombra y los destellos del discurso poético, extendiendo su huella a lo largo del poemario. El texto dialoga, en definitiva, con estas fuentes de inspiración que, sin ser exclusivas, acompañan frecuentemente la poética de Isaacson.

Beatriz Curia incluye en el estudio introductorio a esta segunda edición la acogida que la crítica ofreció a *Poemas del conocer*, subrayando la incidencia en el interés filosófico y el ascetismo estilístico.[79] Junto a estas dos orientaciones, conviene señalar la postura humanista del poeta, cifrada en el rescate de la persona, hecho que Curia destaca, legítimamente, como principal. "Rescatar a la persona, es decir, al *hombre desalienado* –esclarece Curia– es la revolución que busca el *neohumanismo*" (XIV). Y citando al mismo Isaacson en *La revolución de la persona*, llama la atención sobre este dato importante: "Fuera de la relación carecemos de instrumentos adecuados para acercarnos al mundo, por eso la relación es el acontecimiento fundamental de la existencia" (XIV). Beatriz Curia señala, en definitiva, uno de los rasgos más distintivos de la postura filosófica de Isaacson: la llamada a un diálogo donde se fragua la *persona*; la necesidad de un encuentro que nos libere de una cosificación desalmada, fantasma permanente en la obra de Kafka, y que de manera alarmante presagia las catástrofes de nuestro tiempo. La llamada introspectiva del *conócete a ti mismo* modela el compromiso de una postura que confiere a la obra de Isaacson, en relación con otros poetas coetáneos, un sello propio. Conviene, por lo tanto, tener en cuenta este énfasis presente a lo largo de *Poemas del conocer*. La apelación en la obra de Isaacson al

---

[79] Incluye referencia a los estudios de Thorpe Running, Alfredo de la Guardia y Carlos Mastronardi, todos ellos recogidos en la compilación de Running: *José Isaacson, poeta crítico*.

entre, a la necesidad de una relación o un encuentro –con el mundo, con los demás, con el Tú– se trasforma en la vertiente indispensable de su pensamiento.

"El objetivo de un pensador –sostiene Isaacson en el prólogo a *Teoremas*– debe ser entender lo que sucede en el mundo natural, en el mundo social, y en el mundo individual. Tres mundos que, en rigor, integran el único mundo" (11). Un espíritu enciclopédico e integrador inspira estas palabras; el saber ha de cobrar sentido como un *corpus* en el que se integran sus partes. Las ciencias, el arte y las humanidades deben entablar un diálogo que dibuje la faz humana, ya que la búsqueda del autoconocimiento no debe renunciar a ningún nivel de exploración. Esta postura refleja una apelación simbólica; el saber se asemeja al árbol con grandes ramificaciones, o a la tela tejida por Aracné, intrincado destello del *Deus sive Natura*.

Aunque nuestra única posesión sea "el exilio y la incertidumbre", según el poema inicial "La pregunta destruye el Jardín", la *búsqueda* del saber que ilustra la metafísica es un hecho al que no podemos renunciar. Tal decisión no está en nuestras manos, indica de igual manera Kant en el prefacio a la primera edición de la *Crítica de la razón pura*. Bajo esta concepción, la razón humana tiene el destino peculiar de estar sujeta a preguntas "que no puede ignorar, ni tampoco contestar ya que sobrepasan su capacidad".[80] La metafísica se convierte, inevitablemente, en un entramado de controversias interminables, residiendo su mérito en la conquista de su propia vulnerabilidad; el saber, más que una meta, se convierte en un camino sin fin.

---

[80] Dice Kant en el prefacio de la primera edición de la *Crítica de la razón pura*: "*Die menschliche Vernunft hat das besondere Schicksal in einer Gattung ihrer Erkenntnisse: dass sie durch Fragen belästig wird, die sie nicht abweisen kann; denn sie sind ihr durch die Natur der Vernunft selbst aufgegeben, die sie aber auch nicht beantworten kann; denn sie übersteigen alles Vermögen der menschliche Vernunft*" (A VII).

Si ya en el siglo XVII Descartes y Spinoza se anticipan en su búsqueda al espíritu ilustrado de pensadores de la talla de Hume y de Kant, por ejemplo, el inicio del siglo XXI representa para Isaacson "una cosmovisión antinómica" (*Teoremas* 11). Este poeta bonaerense dista mucho de asumir la tendencia actual que proclama la muerte de la razón. En su lugar, propone un cambio de miras: analizar la sociedad de masas; estudiar las características del ser humano cosificado; es decir, buscar "el horizonte del individuo que asume el proyecto de desalienación" (11). Dicho proyecto no se agota en la dimensión racional, sino que integra también las facultades sensibles y la emotividad en una continua interacción de la razón crítica y emocional. La búsqueda del saber debe, por lo tanto, integrar la totalidad de la persona. "¿Qué puedo alcanzar / desde aquí?", interroga la voz inicial de *Poemas del conocer* (6). Y la respuesta abre otros dominios de búsqueda: "La pregunta / es mi modo de ser / y no puedo abandonarla" (8). Isaacson se acoge a una filosofía personalista que, inspirada en Sócrates, vuelve a abrir la filosofía al diálogo.

5. II. "LA PREGUNTA DESTRUYE EL JARDÍN"

5. II. 1. Observaciones generales

> Borrado,
> inadvertido,
> golpeado por tanta ausencia,
> por tanto mundo,
> sólo,
> la espera me pertenece.
>
> José Isaacson, *Poemas del conocer* 34

Anclada en una condición de *exilio*, la búsqueda de un sentido utópico de la existencia, identificable con el Jardín perdido, la Arcadi o una Edad Dorada, recorre el discurso de *Poemas del conocer* que, merodeando por los caminos de la metafísica, invita a la reflexión del tiempo mítico y del tiempo histórico. En un esfuerzo por sintetizar algunas de las ideas implicadas, valga aquí un bosquejo del poema inicial "La pregunta destruye el Jardín", delineando motivos recurrentes a lo largo de este poemario.

Compuesta el 14 de agosto de 1972, fecha en la que el poeta cumple cincuenta años, esta pieza con la que se abre el volumen, de intenso simbolismo y poder alegórico, ofrece una reflexión vital de la condición humana, como el resto de los poemas incluidos. Siguiendo las pautas de un verso libre, nada exento de carga emotiva ni de medida, el poema emprende un ejercicio intelectual provisto de claves e intuiciones. La concisión, alejada de todo afán ornamental y superfluo, sella la intensidad semántica y la desnudez de la metáfora, al mismo tiempo que los interrogantes metafísicos dan forma a todo el poemario. La reflexión sobre la vida humana protagoniza el canto; palpita toda ella en el yo personalizado del poeta y, desde la primera estrofa, viene unida inseparablemente a dos grandes postulados de la metafísica, dos puntos de partida minados a lo largo del poemario por el misterio: los enigmas del *tiempo* –"fluidas paredes" (34)– y de la *identidad* –"Soy el que pregunta" (6)–.[81] Tiempo e identidad relacional, asentados en la paradoja, se funden alternativamente a lo largo del poemario y se conjugan como centro de enfoque recorriendo el texto hasta el final.

El oxímoron "fluido punto de apoyo", con el que vuelve a definir el tiempo el poema "La espera", deriva de una visión que genera a lo largo del poemario una afluencia de símiles impactantes; imágenes que sintonizan con corrientes pictóricas de nuestro tiempo, desde los perfiles frontales de Picasso a las imágenes desconcertantes de Magritte o al espacio ilusionista de Escher. Esta visión chocante de lo *espacial* se transfiere a la voz *estar*, convertida en la lírica de Isaacson –como ya hace constar *El Pasajero*– en un estar en el tiempo, representando un modo de ser transitorio.[82] A lo

---

[81] En el poema "La espera" se describe paralelamente al tiempo como un "fluido punto de apoyo" (34).

[82] En el poema "El pasajero", leemos: "El espacio / se nos convierte / en medida del tiempo" (*El Pasajero* 99). Esta idea aparece sugerida en otro poema de la misma colección, "Para subrayar la sombra", donde viene relacionado en la primera estrofa con la conciencia:
Desde aquí mismo
y desde dentro,
en este estar siendo
un continuo darse cuenta (69).
Poemas del conocer da un paso más en la representación del espacio. Reduce, por un lado, el espacio a un estar en el tiempo. Por otro lado, vuelve a vincular esta idea con la conciencia, haciendo hincapié en el espacio como ámbito de la relación:
Existimos, así,
y todo el espacio
se reduce a un entre.
Todo ámbito
no es más que un entre (12).

largo de *Poemas del conocer,* las ideas de espacio y tiempo se combinan en un juego recíproco de imágenes donde se incorporan, formando una misma entidad. Según se indica en *Teoremas,* el *ser* apunta hacia la inmovilidad, hacia una entidad fuera del transcurso del tiempo. El *estar,* por el contrario, es *tiempo,* ya que "denuncia la fluencia como lo único permanente; como una especie de verdad transeúnte, la única a la que los hombres tienen acceso" (24). Al *Ser* intemporal le pertenece el reino de lo inmóvil, asociado con el dominio de la Verdad; al *estar* le corresponde la invariable fugacidad. Isaacson establece, por lo tanto, una equivalencia entre el concepto de "fluida inmovilidad" y el de "verdad transeúnte", dos expresiones impregnadas de ironía y zozobra.

Importante es observar, por otro lado, que el concepto de *identidad* –que se trasluce en la declaración "Soy el que pregunta"– deja de aludir a lo largo de *Poemas del conocer* a una sustancia congelada o aislada, a un yo imaginario. Por el contrario, se convierte en una *relación* asumida tanto en el lenguaje como en el conocimiento, transformándose en la unidad del Yo-Tú.[83] Importante es también identificar el conocimiento, esencialmente, como una búsqueda dialéctica o un proceso abierto a nuevos planteamientos. Seguimos en este caso la vía socrática de la mayéutica: "Nadie puede asumir el papel de iluminador de los otros, pero cumplimos con los otros cuando, más allá de las ideas dominantes, inducimos a la intelección de la compartida realidad" (*Teoremas* 29).

Repetidos análisis del poemario, en el intento por desentrañar el sentido de sus metáforas, revelan conclusiones sorprendentes. Más que respuestas a los interrogantes que se plantean, la voz busca compartir en este canto nuevos horizontes de cuestionamientos. Los poemas convocan un enigma y de él se nutren; la esencia que integra la vida

---

[83] Equivale, como indica Isaacson en *Teoremas,* a afirmar "la asunción del Yo en la interlocución y a negar la posibilidad del Yo aislado, incapaz de confirmarse en la otredad" (19).

humana -el tiempo- se aloja en un contrasentido. Se intuye, de esta manera, una realidad destinada a su imposibilidad en un continuo fluir, en una creciente búsqueda, oteando siempre el Retorno.[84]

Ya el mismo título del poema, "La pregunta destruye el Jardín", alude a un espacio y tiempo míticos. El *Jardín*, o Paraíso perdido de la leyenda bíblica, se torna en nostalgia que da forma e inflexión al devenir histórico: "No puedo olvidar la añoranza; / y toda mi historia / no es más que la historia de esa añoranza" (8). El yo individual y el yo colectivo son aquí indiscernibles. El individuo y la Idea, el ser concreto y el abstracto, el yo del poeta y el Adán mítico se funden en el texto. Tras el poder evocativo del poema, se vislumbra ciertamente el mito de la caverna inmortalizado por Platón en *La República* (libro VII). Este trasfondo legendario, que alude por igual a una Arcadia o Patria perdida, crea un emotivo juego de contrastes entre el tiempo edénico del mito y el tiempo real, oscuro abismo donde se aloja la vida humana.[85]

Mito e historia, Idea e individuo se dan cita en el poemario y se escinden en la concepción de lo *temporal*, morada del exilio y la palabra. Desde un nivel ontológico, el tiempo se presenta en la primera estrofa de "La pregunta destruye el Jardín" como elemento constitutivo de la vida humana; define al poeta, define al lector y define en última instancia la esencia de una vida en clave entre la memoria y el olvido:

---

[84] El concepto de *necesidad* se inspira en Spinoza. La imagen de una realidad *imposible* se encarna en lo paradójico, como ilustra, por ejemplo, la obra de M. C. Escher.

[85] El texto de Isaacson lleva aquí a múltiples ramificaciones. Tanto en la alegoría de Platón como en este poema, el ser humano se instala en la *pregunta*, es decir, en la búsqueda de conocimiento como medio de supervivencia y como modo de ser. Esa capacidad de aprendizaje es innata para Platón: "*The power and capacity of learning exists in the soul already*" (*The Republic* 300). El devenir personal e histórico también se instala en la poética de Isaacson en la oscuridad de una cueva que añora la luz perdida.

Desde el pasado
indeformable
y congelado, voy
tanteando
fluidas paredes.
Como gasas
flotan en el aire
incapaces de sostenerse.
Y en un vaivén,
que sólo sabe de lentas
huidas,
me voy cristalizando.
Con mi pasado
voy creciendo,
sólido mineral
que me incorpora
y del que no puedo alejarme.

Todo punto de partida
es ilusorio,
como cualquier afirmación
que no contenga
la amortiguada
oscilación que la destruye.
Todo punto de llegada
no es más
que una propuesta indeseable.

¿Qué puedo alcanzar
desde aquí? (4-6).

Sin la intención de agotar las variadas connotaciones de estas primeras estrofas, enfocamos nuestro análisis en observaciones referentes a temas en ellas implicados: la identidad, el tiempo y el conocimiento; temas relacionados entre sí, que recorren todo el poemario y se alojan, por igual, a lo largo de la obra de Isaacson en el recinto de la paradoja.[86]

---

[86] Bien puede ser, valga la equivalencia, una morada teresiana *que muere... porque no muere.*

5. II. 2. Fluido punto de apoyo

> Como un audaz escalador,
> pero más triste,
> prosigo
> mi descendida ascensión
> hacia imaginarias cimas
> que me seducen sin engañarme.
>
> José Isaacson, *Poemas del conocer* 40.

El tiempo nos define, pero intentar definir el tiempo equivale a preguntar cómo medir la medida. El conocimiento, al igual que las corrientes pictóricas del siglo XX, se impregna de desconcierto y maravilla. La voz del poema inicial traduce este planteamiento en términos epistemológicos: "Seguiré preguntando / por la pregunta misma" (6). Dibujando un gesto circular y cerrado, la mano en la lámina de Escher vuelve a salir y a entrar en su espacio para pintarse a sí misma en un acto de ilusión, en un proyecto diseñado como meta imposible.

En sucesivos análisis, el poema "La pregunta destruye el Jardín" revela enigmas. El texto incluye una galería de imágenes desconcertantes, diseñadas deliberadamente como único trazo posible para intuir la extrañeza de su ser temporal. Así, por ejemplo, la inmovilidad del *instante* –"pasado indeformable y congelado"– se articula y contrasta con la idea de *sucesión*, sugerida en el verso "fluidas paredes", idea portadora de una tensión interna, tanto más cuando se especifica que tal arquitectura no se sostiene:

> Desde el pasado

indeformable
y congelado, voy
tanteando
fluidas paredes.
Como gasas
flotan en el aire
incapaces de sostenerse.

El conjunto de imágenes que se presentan evoca una realidad llena de extrañeza. El oxímoron "fluidas paredes" depara connotaciones de irrealidad; la voz poética se ubica en la neblina; la solidez parece desvanecerse flotando en el aire, como una nube. Varios son los lienzos de Magritte que inciden igualmente en una contraposición de ideas marcadas con una intuición filosófica. Así, por ejemplo, el cuadro "Firma en blanco" (1965) presenta la simultánea visibilidad e invisibilidad de una mujer cabalgando en el bosque. A su vez, "El castillo de los Pirineos" (1959) destaca, con un trasfondo de nubes, la inmovilidad de una masa rocosa flotando sobre el mar con un castillo en su cima. La tensión que resulta del contraste sólido / líquido, dinámico / estático, pesado / ligero problematiza los objetos.

Dada la capacidad de sugerencia que emana del poema, los niveles de lectura se multiplican. Desde el punto de vista epistemológico, por ejemplo, se acentúa en la estrofa citada la *ambigüedad*. En este caso, lejos de asentarse el saber en la solidez de la certeza, de la verdad última, se ubica por el contrario en el balbuceo; el avance del conocimiento se reduce a un *tanteo* de verdades provisionales, de esquemas orientativos que guían un viaje en el vacío.

A medida que se añaden juegos conceptuales, el discurso poético va incrementando sus vertientes simbólicas:

Y en un vaivén,
que sólo sabe de lentas
huidas,

> me voy cristalizando.
> Con mi pasado
> voy creciendo,
> sólido mineral
> que me incorpora
> y del que no puedo alejarme (4).

Alejarse, o escapar del tiempo... ¿Hay salida para el trayecto circular de Sísifo? El *vaivén*, imagen que apela a un tiempo cíclico, contrasta inevitablemente con la imagen *cristalizada* del momento, es decir, con la imagen estática de un instante, un presente inmóvil y sin embargo... inestable, en constante *huida*. El contraste franquea enteramente el poema. Es evidente que la metáfora "sólido mineral" evoca inmovilidad. La voz "voy creciendo" apela al *movimiento* o a la sucesión, idea que el poema presenta coexistiendo irónicamente con lo *estático*, imagen de la que difiere por completo hasta el punto de negarla. Solidez y fluidez se alternan en el texto y se intercambian en un juego de contrastes que articula todo el poema.

"La eternidad / ese tiempo congelado / me va cercando" declara la voz poética en "Scherezade", poema incluido en la presente colección (48). Si el concepto de eternidad puede antojarse producto de la imaginación –o quizá, llanamente, enigma inevitable–, no menos intrigante parece ser el humilde tiempo de la sucesión, el tiempo cotidiano que nos consume. Tanto la eternidad como la *serie* de instantes, implícita en el concepto de sucesión, son concepciones filosóficas del tiempo que apuntan a su falacia, según señala Borges en su clásico ensayo "Nueva refutación del tiempo". Isaacson incorpora sutilmente el debate de este planteamiento, aunque no concluye ahí su postura.

Para Borges, el tiempo, tomado como sucesión o secuencia de instantes, es ilusorio e inconcebible. En "Nueva refutación del tiempo", Borges ofrece de manera escueta y erudita el siguiente razonamiento: "El tiempo, si podemos intuir esa identidad, es una delusión: la indiferencia e inseparabilidad de un momento de su aparente ayer y otro de su aparente hoy, basta para desintegrarlo" (*Obra Completa* II, 143). Todo momento remite a uno anterior, y éste, a otro anterior, es decir, a una cadena infinita. Pero la diferenciación de un momento con otro llega a ser discutible. Se trata de "términos de una serie cuyo principio es tan inconcebible como su fin" (*Obra Completa* II, 139). La segunda estrofa de "La pregunta destruye el Jardín" puede interpretarse –aunque no exclusivamente– bajo la misma idea, dentro de la concisión y magia que ofrece el poema de Isaacson:

> Todo punto de partida
> es ilusorio,
> como cualquier afirmación
> que no contenga
> la amortiguada
> oscilación que la destruye (4).

Desde una perspectiva epistemológica, esta estrofa puede, ciertamente, interpretarse como la inviable búsqueda de un punto de partida axiológico, un axioma o verdad fundacional. Dado el carácter polisémico del discurso, dicha interpretación no sólo es posible, sino que además confirma la postura epistemológica de Isaacson.[87] Cabe, a su vez, interpretar las metáforas señaladas cifrando otra clave sutil; señalando una idea que no hemos de perder de vista: la esencia humana, que es el tiempo, está hecha de ilusiones. Aquiles no alcanza a la tortuga porque el movimiento se torna asombrosamente en una irrealidad. Tanto la dialéctica de Zenón como las antinomias de Kant confirman, según Borges, "el carácter alucinatorio del mun-

---

[87] Esta lectura se indica posteriormente en la sección "Soy el que pregunta".

do" (*Obra Completa* I, 258). Y su sentido, más allá de la apelación a un estatuto racional, a un criterio de verdad o de verosimilitud, es fundamentalmente un sentido poético.

Coincidiendo con el espíritu de las corrientes pictóricas señaladas, Isaacson codifica en imágenes el acento *ilusionista* de la realidad, al concebir la vida humana como espejismo. El carácter fugaz, la contingencia, parece una vez más "subrayar la sombra", como se vio en *El Pasajero*; parece sustanciarse en una realidad equiparable a la neblina, a esas gasas flotantes del poema "incapaces de sostenerse" (4). Cabe interpretar los siguientes versos de *Cuaderno Spinoza* de manera paralela: "Quienes creen que hablan o callan / por libre mandato del alma, / sueñan con los ojos abiertos" (21).

No es, de ninguna manera, un tema nuevo en la obra de Isaacson; al contrario, se trata de una creencia que recorre su producción literaria y se destaca en obras claves como *Poemas del conocer*, *Cuaderno Spinoza* y *La realidad metafísica de Franz Kafka*, por nombrar ejemplos significativos. El carácter de irrealidad que depara lo transitorio –la existencia humana– es fundamental en el pensamiento de Isaacson. En todo caso, es necesario tener en cuenta también que dicha creencia está lejos de agotar el sentido de su obra. De la contingencia, se pasa a la *necesidad* del Ser spinoziano en una relación de interdependencia: "En la unidad / donde todo se consuma / todo tiende a persistir en su ser" (*Cuaderno Spinoza* 16). De la contingencia, se pasa a la dialéctica y a la reciprocidad de *Natura naturans* y *Natura naturata*. Se asoma, por lo tanto, una dimensión imprescindible en la producción literaria de Isaacson. Sin ella, su postura quedaría forzosamente limitada a una sola visión.

Se ha de tener en cuenta también que los juegos de antítesis tienen en la obra de Isaacson un papel dialéctico; es decir, aun partiendo de la ambigüedad que connota la incertidumbre, la lírica de Isaacson está lejos de anclarse en una postura nihilista. Inspirándose en la dialéctica de un personalismo filosófico, como ilustra "Entre" –segundo poema de la colección–, dicha lírica se encamina a realzar también el espacio relacional del encuentro:

> Me nutro
> de vaivenes,
> de oscilaciones.
> Paso a paso
> celebro los encuentros
> que me confirman
> y en cada encuentro
> me reconozco (*Poemas del conocer* 40).

El juego de antítesis indicado en la representación de lo temporal se enriquece a la luz del breve ensayo "Continuidad/Continuación", incluido en *Teoremas*. Emparentando dos ideas concebidas como polos opuestos, Isaacson vuelve a aproximarse a otro tanteo del tiempo:

> La continuidad está hecha de continuaciones que no admiten solución de continuidad. La continuación sólo es posible cuando, previamente, se ha producido la interrupción. Para continuar hay que haber interrumpido. La continuidad, en cambio, exige un *continuo* similar al espacio-tiempo einsteniano. La continuidad es el resultado de un universo finito pero ilimitado, en el que el punto de partida y el punto de llegada pueden coincidir o no ser los mismos, porque en el mundo de la continuidad no existe la inmovilidad, y no puede entenderse la demora (*Teoremas* 131).

Si *El pasajero* y *Poemas del conocer* perfilan el tiempo como antítesis, *Teoremas* lo conceptualiza como *continuidad*, dominio que pertenece tanto al Golem del rabino de Praga como al ser humano. En este caso, la detención nos es ajena, dado que en nuestro mundo la coordenada temporal es imparable. Según se indica en *Teoremas*, dado que somos hijos de un cosmos einsteniano, el tiempo –nuestro tiempo– es indetenible.

Desde un punto de vista epistemológico, Isaacson ya había enunciado explícitamente esta idea en el emblemático poema "Sobre la incertidumbre". Aquí, teniendo en mente la obra de Wittgenstein *Über Gewissheit*, denuncia como *ilusoria* la obtención del ansiado apoyo, la garantía de una verdad inmóvil.[88] Aclara Isaacson en este poema que la palabra, lejos de ser un espejo estático, está sujeta al perenne movimiento:

> Con cada palabra
> que agrego
> voy cambiando la imagen que percibo.
> La imagen ya ha cambiado,
> y con ella, yo mismo
> sé
> que nunca podré detenerme,
> como el Golem,
> condenado
> a perpetuo movimiento (*Poemas del conocer* 130).

A la luz de lo expuesto en *Teoremas*, la detención se reduce a un concepto geométrico, ya que "sólo es posible en un mundo exclusivamente espacial, ajeno a toda idea temporal" (*Teoremas* 131). Bajo este sentido, lo estático pertenece al espacio: "Para ese mundo geométricamente cristalizado, absurdamente inmóvil, el tiempo es lo absurdo y lo inimaginable" (*Teoremas* 132). No está en manos del ser humano la detención del tiempo, según Isaacson: "Sólo en el privilegiado instante de la Gracia, cuando enfrenta al Tú paradigmático, puede decir que ha encontrado un presente eterno" (*Teoremas* 134). Como se comprueba en estas reflexiones, donde se atisba un componente místico,

---

[88] *Über Gewissheit. On Certainty.* Usamos aquí la edición bilingüe en alemán y en inglés. La traducción del título al español es *Sobre la certeza*.

el pensamiento de Isaacson desemboca, más tarde o más temprano, en una vertiente personalista. Hallamos aquí, por lo tanto, un sello distintivo de su lírica, marca esencial de toda su producción. El personalismo teológico de carácter buberiano en el que se inspira este poeta bonaerense, unido a la inevitable vertiente escéptica de su postura, confieren un perfil único a sus escritos. Las ramificaciones del pensamiento de Isaacson, por consiguiente, van manifestándose en cada lectura; sus rasgos distintivos van cobrando luz progresivamente.

Como se ha observado, uno de los logros más relevantes de *Poemas del conocer* se halla en el entramado de conceptos opuestos. Son imágenes que, con el impacto y la hondura de sus intuiciones, alteran los mecanismos habituales de creencias y turban su comodidad, despertando en el lector incertidumbre o desconcierto. Se trata de una llamada de alerta que ubica al lector... en la desnudez. El mito del Jardín edénico y de la expulsión vuelve a convocarse. Como Adán y Eva, el lector se ve arrojado a la morada de la intemperie, que Isaacson retrata por medio de un discurso minado por una lucha interna. Es una llamada en la que se persigue un sentido, un orden y una orientación con la ayuda, sin embargo, de una brújula "capaz de marcar, / simultáneamente, / todas las direcciones" (*Poemas del conocer* 82). Conviene, por lo tanto, destacar en esta obra maestra de Isaacson la originalidad que distingue los juegos de antítesis. Y conviene, sobre todo, detectar en ellos el perfil dramático de sus imágenes.

El tiempo, el conocimiento y la identidad residen a lo largo de este poemario en la morada de la paradoja. En ella se cifra, para este pensador, la vida humana:

> Tal vez parezca
> que a medida que digo
> me desdigo.
> Y es cierto. Mi contradicción

> es mi coartada.
> Quizá lo único
> que me permite afirmarme
> sobre la permanente movilidad
> que me sostiene
> y me destruye (*Poemas del conocer* 130).

Recorre, pues, el pincel de Isaacson –como el de Escher– las sinuosidades de la paradoja. En ella convoca perspectivas antagónicas, dibujando una realidad de gran alcance humanístico.

El poema "El diálogo", incluido también en *Poemas del conocer*, vuelve a integrar conceptos opuestos en la visión del tiempo. El yo del poeta evoca las calles de Buenos Aires, reconstruyendo en este texto sus pasos por la ciudad:

> No quiero nombrarlas,
> no quiero despertar
> su eco dormido.
> Esta oscilación ya detenida,
> definitivamente congelada
> en algún pasado
> que sólo vive
> en mi incomprensible presente (56).[89]

Como en la dialéctica de Zenón o en las antinomias kantianas, el presente remite a un *antes*, a un punto anterior indefinible, porque "[t]odo punto de partida / es ilusorio"; y toda afirmación contiene una recóndita quiebra que la anula: "La amortiguada / oscilación que la destruye" (4). El conocimiento se nutre de preguntas y la ciencia, en última instancia, se encomienda a la irónica tarea de afirmar negando:

> Mientras todo lo cuestiono
> y me cuestiono,
> y no puedo afirmar

---

[89] Se coincide con la tendencia cubista de representar simultáneamente dos perspectivas antagónicas.

si no es negando,
sigo imaginando el perdido
Jardín
al que quiero regresar
con la pregunta (8).

La poesía de Isaacson parece llegar al corazón de la existencia misma. *¿Quién soy? ¿Qué puedo alcanzar? ¿Qué puedo conocer?* Son preguntas medulares que yacen en el fondo, y en el título, de *Poemas del conocer*. Desde una intrincada red de pensamientos filosóficos, y desde la templanza de una honda emoción, la voz poética nos adentra en la morada de la perplejidad.

5. II. 3. Soy el que pregunta

> En la pregunta me refugio:
> ella es
> la matriz que modeló mi rostro.
>
> José Isaacson, *Poemas del conocer* 10.

Junto con la idea del tiempo, el poema "La pregunta destruye el Jardín" enfatiza otro componente de la realidad humana, identificable esta vez con la búsqueda del *conocimiento*. El sentido alegórico del poema subraya la necesidad innata de encontrar un apoyo o una justificación de la existencia. Una vez más, el yo del poeta se identifica con el yo colectivo. En la lucha por acceder al conocimiento, la historia de las ideas deja entrever, como mucho, una seudociencia anclada fundamentalmente en la desnudez de la pregunta.

La voz del poema busca su sentido, su justificación: "¿Qué puedo alcanzar desde aquí?" (6). El planteamiento, con sus ecos kantianos – *Was soll ich tun? Was darf ich hoffe? Was kann ich wissen?*–, parece trasportarnos sucesivamente del Siglo de las Luces a Spinoza, a Descartes, e incluso a Aristóteles, hasta alcanzar los albores de la metafísica y del pensamiento bíblico en *Éxodo*.[90] La búsqueda de un

---

[90] Las tres preguntas kantianas ¿qué puedo saber?, ¿qué debo hacer? y ¿qué puedo esperar? –"*Was kann ich wissen?, Was soll ich tun?, Was darf ich hoffen?*"– están en la *Crítica de la razón pura*, II: Doctrina transcendental del método, cap. 2º: El canon de la razón pura, secc. 2ª (A 805/B 833). Esas mismas preguntas, completadas con una cuarta con la que están en relación –"*Was ist der Mensch?*"–, aparecen también en la *Lógica* de Kant, Introducción, III (Ak IX, 25).

propósito de la existencia yace en el poema de Isaacson y, en verdad, en toda su obra. Lejos de afirmarse en el conocimiento aseverativo, la exploración de la identidad se asienta en un proceso de cuestionamientos. Avanzamos en la medida en que aprendemos a cuestionar. La duda metódica cartesiana se deja intuir, pero su eco dista de alcanzar la certeza o el apoyo redentor que creyó encontrar el autor de las *Meditaciones* y del *Discurso del método*.[91]

La pregunta es el espejo que nos devuelve nuestra cara. En el capítulo tercero del segundo libro de Moisés, en *Éxodo*, Moisés pregunta a Dios Su Nombre. La misteriosa y mágica respuesta que recibe es bien conocida: "Soy el que Soy". Paralelamente, en el diálogo intertextual que yace implícito en el poema "La pregunta destruye el Jardín", la voz del texto declara:

Soy el que pregunta
el que seguirá preguntando
cuando queden extenuadas
todas las palabras (6).

De manera reiterativa y enfática, la estrofa alude al deseo natural o a la necesidad congénita de conocer, que apunta Aristóteles en su *Metafísica*.[92] "La pregunta / es mi modo de ser / y no puedo abandonarla", confiesa la voz del poeta (8). Dicha idea vuelve a formularse al final del poema en una estrofa vibrante, donde la búsqueda de conocimiento se convierte en un *espacio* de identidad, en morada o albergue del ser: "En la pregunta me refugio: /

---

[91] Descartes no duda en considerar afortunada su empresa si es capaz de obtener el punto de apoyo incuestionable, que con tanto afán busca: "*I shall have the right to entertain high hopes, if I am fortunate enough to find only one thing which is certain and indubitable*" (Second Meditation, 102).

[92] Aristóteles abre así el libro primero de su Metafísica: "*All men by nature desire to know*", es decir: "El ser humano siente la necesidad congénita de conocer" (689).

ella es / la matriz que modeló mi rostro" (10). Nos remontamos al origen del mito; nos remontamos al mito de la expulsión. El espejo nos devuelve lo que somos: la pregunta, el cuestionamiento en su curiosa candidez o en su afán transgresor. La vida humana enraíza así con el Árbol mítico de la ciencia. No sin razón, el tercer poema incluido en la presente colección lleva como título "Enarbolo la palabra". Dicho texto incide en el tema de la *identidad*, esta vez en directa relación con la búsqueda de conocimiento, con la escritura y, en definitiva, con el arte –*póiesis*–, última justificación de la existencia.

La fabulación, los desafíos, el peligro y la expectativa que configuran los sueños del *arte* –como ocurre en la vida de Scherezade– postergan la muerte un día más:

> Como ella,
> inscripto en un recinto,
> queriendo postergar lo impostergable.
> Inventando
> símiles,
> abreviaturas,
> parábolas.
> Queriendo
> aprisionar los sucesos,
> los desarrollos.
>
> Como ella,
> aferrado a las palabras.
> Inscripto en un recinto,
> selva, símbolo, situación,
> aprisionado (46).

En la palabra, o en la pregunta, coinciden la identidad y la posesión; pertenencia minada por la ironía en tanto que depara al ser humano "los libros y la noche", como Borges alude en el "Poema de los dones" (*Obra poética* 119). En comparación con la luz de la leyenda bíblica o del mundo platónico de las Ideas, se trata de un don, o de una pertenencia, *singular*. Es precaria por la limitación que imponen sus cadenas y asombrosa por la magnitud de su empresa. Palabra y prisión se identifican. De esta manera, *ser*, *tener* y *estar* intercambian su sentido y transfieren su campo semántico en un acto simultáneo de desengaño y revelación, nada desprovisto de asombro:

> Sólo obtuve la expulsión
> y la pregunta.
> Por eso la esgrimo
> como una lanza,
> por eso la cuido
> como una llave.
>
> Es lo único que obtuve:
> el exilio y la incertidumbre (8).

Para Isaacson, la palabra es nuestro espejo, la fuente de nuestro ser. De la misma manera que Don Quijote se aferra a su lanza y a sus sueños, cabría decir que en *Poemas del conocer* los versos dibujan al ser humano aferrado a la utopía de la palabra; palabra que es lanza y escudo; lucha por la supervivencia y refugio; posesión y morada. Sabemos también, como dato distintivo del texto de Isaacson, que la palabra se concibe simultáneamente como identidad y relación, en tanto que se confirma en el espacio del Yo-Tú, ámbito en el que se atisba la esperanza. Pero el discurso en *Poemas del conocer* da un paso más al dibujar la palabra como un espacio kafkiano, recinto expuesto a la interminable postergación y, sobre todo, al contrasentido:

> Tan sólo la palabra
> me dejaron.
> Albergue duradero,
> residencia efímera (24).

Puede afirmarse que en *Poemas del conocer* la paradoja define la entraña del ser humano, tejiendo la sustancia de su temporalidad y contingencia. Este factor dirige la obra de Isaacson en múltiples direcciones y contribuye, en la mayoría de los casos, a revelar el valor poético de sus hallazgos. "Nos ofrecieron, tan sólo, / la imposible huida", rezan versos concebidos con belleza y fuerza evocativa (22). La metáfora se adentra aquí en el terreno de la *esperanza* kafkiana, o mejor dicho: de la *espera*, de la postergación cada vez más remota e indefinida y, de nuevo, en el terreno de la perplejidad:

> Borrado casi
> entre tantos objetos,
> inadvertido casi,
> golpeo
> puertas imaginarias...
>
> sólo
> la espera me pertenece.
>
> Fluido punto de apoyo,
> conmigo se traslada (34).

Son estrofas de "La espera", composición incluida en *Poemas del conocer*. Se observa aquí el protagonismo de un conflicto interno, provocado por la unión de imágenes opuestas. En este caso, *fluidez* –*i. e.*, idea de inestabilidad convocada en el verso "fluido punto de apoyo"– viene unida a su imagen contraria; se atribuye a conceptos como *punto*, *apoyo* o *soporte*, que connotan precisamente su opuesto. Sujeto y atributo disienten, retratando una realidad imposible. Desde un plano epistemológico, puede afirmarse que la fugacidad dista de la verdad –sueño de la razón– entendida como refugio estable, realidad inteligible y permanente.

Son varias las ocasiones en las que Isaacson niega, como se ha podido comprobar, la posibilidad de encontrar una certeza última, una verdad *clara* y *distinta* que posibilite la fundamentación del conocimiento. Tal base epistemológica se descarta en sus escritos por considerarse inexistente. Isaacson comparte aquí con

Wittgenstein una postura esencialmente escéptica. No se trata de una coincidencia, ni de una adhesión al credo de última moda; nada más lejos del espíritu crítico de Isaacson. Se trata, por el contrario, de una comunión de ideas, de un encuentro pleno en lo que respecta a la posibilidad de obtener una certeza fundacional. De hecho, el volumen *Poemas del conocer* se cierra –no de manera casual– con "Sobre la incertidumbre", emprendiendo de esta manera un diálogo intertextual con la obra de Wittgenstein de título parejo *Über Gewissheit*.[93]

"Sobre la incertidumbre" destaca en sus versos, abiertamente, la necesidad humana de buscar un asilo, un apoyo existencial y gnoseológico: "Una mínima creencia / un punto de partida / quiero" (*Poemas del conocer* 132). El forcejeo de la metafísica en su trayectoria histórica parece latir en los versos desnudos de este poema. Generación tras generación, la llamada del pensamiento parece convocarse en sus estrofas; llamada invariable –siempre pendiente– a levantar construcciones que sueñan permanencia. Sísifo asciende con su roca en la lírica de Isaacson penosa y sigilosamente; Kafka sigue llamando a puertas inexistentes. Y, desde una perspectiva más alentadora, también están en *Poemas del conocer* Scherezade y Jacob, iluminados en su lucha. Puede decirse que tanto el mito como el simbolismo de este volumen, cuyo lirismo late en los ensayos sobre Kafka, confluyen en una búsqueda alegórica:

> En el entrecruce de las trayectorias
> ingenuamente busco
> un cobijo
> contra la intemperie,
> como si pudiera vivir

---

[93] Isaacson sustituye certeza o certidumbre (*Gewissheit*) por su opuesto, *incertidumbre*.

en un presente despojado
de antecedentes y consecuentes.
Qué fácil
sería, entonces, olvidar
el miedo y la esperanza (*Poemas del conocer* 130).

Es importante entender la naturaleza y los límites del escepticismo en este poemario de Isaacson. A su vez, es necesario tener en cuenta que si bien la vertiente escéptica no agota la amplitud de su obra, es, sin embargo, del todo imprescindible para su comprensión. Tiene sentido, pues, preguntarse qué tipo de escepticismo profesa Isaacson y si acaso hay en él una implícita adhesión a una postura pirrónica. Aunque el desarrollo de estos planteamientos rebasa el objetivo del presente estudio, podemos aproximarnos, no obstante, a algunas posibles respuestas.

Más que profesar la radicalidad e inviabilidad del pirronismo, como ya denunció Hume en su memorable *Tratado*;[94] más que optar por la paralización del pensamiento y de la acción que connotaría dicha postura, Isaacson parece señalar que nuestra vida se construye sobre la fragilidad de esquemas habituales, no sobre la garantía de firmes certezas. Bajo esta perspectiva, nuestras verdades, provisionales y transitorias, son sistemas adoptados convencionalmente por la ilusión de orden que conllevan. Lo que damos por seguro en la rutina de los días bien puede reducirse, según Isaacson, a una evidencia prescindible. Cuando el orden se tambalea por la propuesta de una hipótesis, cesa la utilidad de su esquema. Si la voz aplastada de la disidencia logra desenmascarar falacias, un

---

[94] Véase, por ejemplo, la sección T.1.4.1 "Of scepticism with regard to reason".

nuevo modelo reemplaza al antiguo, y así sucesivamente.[95] Tras el desmoronamiento de una estructura ilusoria o de prácticas que forman el vivir cotidiano, surge de nuevo la contemplación de la propia desnudez:

> Cuando ciertas rutinas
> se derrumban,
> otra vez asoma el rostro
> en el espejo:
> me estudia
> con crítica mirada.
>
> La rutina
> con su velo benigno
> cubre los espejos,
> oculta el testimonio
> de las diarias derrotas (*Poemas del conocer* 24).

Cuando la posesión de la verdad se esfuma, o cuando despojados de nuestro atuendo habitual, nos enfrentamos a nuestra propia desnudez, quizás es el momento de abandonar antiguos engaños e indagar en la entraña del ser, por esquiva que ésta sea. En este sentido, la poesía de Isaacson cumple una misión estética que coincide también con una búsqueda de conocimiento. Cabe asumir, no ya bajo estas estrofas, sino a lo largo de *Poemas del conocer*, que el arte devuelve al ser humano las claves del refugio ansiado.

La búsqueda kafkiana es también una búsqueda simbólica de sentido; una llamada a la comunicación que posibilita un *encuentro*. Pero el lenguaje, aun siendo el cuerpo de la morada humana, constituye también su exilio. Las puertas que en él se abren son ilusorias garantías de una salida, de una certeza existente, pero inalcanzable:

---

[95] Isaacson desarrolla con gran claridad estas ideas en *Teoremas*. Aquí sostiene que quienes niegan la metafísica dan muestra de su candidez, ya que olvidan que de un modo u otro vivimos adheridos a esquemas cuya complejidad "se enriquece a lo largo del proceso cultural, aunque no pierdan su carácter esquemático" (35-36).

> Cuando algún acontecimiento,
> como un telón que se entreabre,
> irrumpe
> en la precaria habitación
> que nos cobija,
> la fragilidad de nuestras certidumbres
> se derrumba y se desmorona
> la mezquina seguridad
> que nada puede concedernos (*Poemas del conocer* 26).

Estas estrofas provienen del poema titulado "Enarbolo la palabra", en el que la reflexión sobre el lenguaje adquiere un protagonismo principal. El contraste y la paradoja vuelven a estructurar el texto para acentuar sus dobleces. A lo largo de este poema, la palabra es: "Albergue duradero, / residencia efímera; es *prisión* y es *refugio*; es una *imposible huida*; es *lanza* y *escudo* en la precariedad de los días" (20-24).

Viene, por lo tanto, el escepticismo de Isaacson reflejado en esta tensión; en este doble sentido que da mérito al lenguaje, a la vez que lo limita irremediablemente, ya que la realidad yace, inalcanzable, más allá de sus confines: "Aunque el mundo permanece ajeno a mis palabras, / soy incapaz de abandonarlas" (22). El poema que cierra la colección, "Sobre la incertidumbre", insiste en la misma idea: "Y aunque todo ocurra fuera de las palabras / sólo dentro de las palabras adquiere / algún precario sentido" (128).

En "Confieso/confuso", ensayo incluido en *Teoremas*, el tema reaparece de manera transparente, dentro de la concisión y el humor que caracterizan a este volumen de ensayos. Alude Isaacson aquí a "la gran paradoja del conocimiento", recalcando la idea de que el Universo nos incluye y nos remite a la condición de *observadores incluidos* (36). Como consecuencia, la intelección y articulación lingüística de la totalidad "nos está vedada", a no ser que podamos dejar de ser parte de esa totalidad (36). La condición de observadores internos reduce nuestra cosmovisión a una conceptualización solipsista, ya que la totalidad siempre se analiza desde *dentro*, aunque pretendamos hacerlo desde fuera. Es ésta una de las vertientes epistemológicas más significativas de Isaacson, que recorriendo sutilmente *Poemas del conocer* sella su postura escéptica y se extiende al resto de su obra. Se hace otra vez necesaria la referencia a Wittgenstein. En este caso, cabe admitir la proposición que concluye su *Tractatus logico-philosophicus*: dejemos en el silencio lo que no podemos expresar.[96]

En 1922, el mismo año en que nace Isaacson, Bertrand Russell escribe el estudio introductorio a la primera edición en inglés del *Tractatus*. Al final de dicha introducción, este filósofo británico pone el foco en la idea del observador incluido, y concluye señalando las dificultades que despiertan los planteamientos referentes al tema. Para explicar la estructura de un lenguaje y la cosmovisión en él implícita, se requeriría –según apunta Russell– otro lenguaje que explicara al primero, y un tercero para explicar el segundo, y así sucesivamente. No habría, por lo tanto, un límite a esta jerarquía de lenguajes. Incluso si pensáramos en la *totalidad* de esos lenguajes, todavía se necesitaría una explicación. Russell observa: "*The totalities concerning which Mr. Wittgenstein holds that it is impossible to speak logically are nevertheless thought by him to exist, and are the subject matter of his mysticism*" (xxii). En este sentido, el arte en su vertiente mística, por excelencia, puede acercarse a atisbar la faz humana, o –según sugieren los versos de Isaacson– el Rostro del Universo.

Las diversas cosmovisiones que el ser humano puede alcanzar son para Isaacson "imágenes provisorias de la realidad cuyas múltiples variables nunca podremos abarcar

---

[96] La última proposición que cierra el *Tractatus* es: "*Wovon man nicht sprechen kann, darüber muss man schwigen*" (150).

en su totalidad, pero a cuya intelección nunca renunciaremos" (*Teoremas* 35-36). Volvemos con esta creencia a considerar las reflexiones que Kant ofrece en el prefacio a la primera edición de la *Crítica de la razón pura*. La metafísica, adentrándose por su propia naturaleza en especulaciones sobre la realidad nouménica, se convierte en el campo de innumerables batallas, ya que sus postulados rebasan la competencia del entendimiento. La razón, en este sentido, da paso a la fe. *Poemas del conocer* recoge a lo largo de sus páginas destellos sutiles de estos planteamientos, pues Kant es, fuera de dudas, uno de los filósofos que late en el entramado intertextual de dicho volumen. Así lo muestra el poema "La cosa en sí". Aludiendo al mundo que yace más allá de la realidad fenoménica –al *Ding an sich* kantiano–, la voz responde, aunque no puede, a esta llamada irrenunciable:

> Inacabable tarea
> de ir despojando
> de los infinitos velos
> que todo lo cubren.
>
> ¿Quién puede
> resistir la tentación
> de atisbar
> el País Detrás del Espejo? (78).

Según el discurso poético, la palabra ordena la agresiva realidad que circunda al ser humano, creando vínculos con ella. Pero dichos vínculos de relación no dejan de ser máscaras. La cosa en sí sigue esquivando su realidad. En este sentido, tanto la metafísica como la poesía funden su deseo –y su lamento– en una misma voz:

> Cómo quisiera despojarla
> de sus máscaras,
> fundir el sujeto y el objeto,
> la sensibilidad con el entendimiento,

> y alcanzar la desnuda
> cámara
> donde nada existe y todo
> es posible (80).

Cabe suponer que el término *cámara* alude aquí tanto a la *facultad* cognoscitiva como al *recinto* de la vida; es decir, al espacio de la relación que depara el lenguaje. La estrofa en sus versos finales deja entrever una apelación al silencio o la mística.

Otra vertiente escéptica notable, que se desprende de *Poemas del conocer*, apela a la imposibilidad de encontrar una fundamentación del saber. De ahí su concordancia con Wittgenstein. El interés de Isaacson en los fundamentos epistemológicos del conocer, medular en este volumen de poemas, recorre también las páginas de *Teoremas*. Esta colección de breves ensayos vuelve a confirmar el augurio de "La pregunta destruye el Jardín", al declarar que todo punto de partida "es ilusorio" y todo punto de llegada no es más que "una propuesta indeseable" (*Poemas del conocer* 4). Si prestamos atención al calificativo usado para designar el punto de llegada –indeseable–, cabe contrastar dicho atributo con su opuesto, con una perspectiva utópica. En este sentido, toda condición presente es mejorable; un texto considerado como definitivo, o un tipo de sociedad tomada como ideal y última, serían productos del hastío o del anquilosamiento, dado que siempre son mejorables. El horizonte utópico de la existencia, aunque no llegue a alcanzarse, alienta el cambio, conduciendo a un proceso de superación dialéctica.

En lo que se refiere al "punto de partida ilusorio", cabe interpretar el verso negando, con Wittgenstein, la posibilidad de obtener fundamentos axiomáticos. La primera tesis con la que se abre *Über Gewissheit* –"[s]i sabes que esto es una mano, te concedemos todo lo demás"– responde al debate sobre el conocimiento del mundo externo que

Wittgenstein sostiene con G. E. Moore.[97] Wittgenstein niega que pueda encontrarse un axioma fundacional, ya que toda proposición puede derivarse de otras, que no son por esa razón más ciertas. El hecho de que nos *parezca* que esto es una mano, arguye el filósofo austriaco, no quiere decir que lo *sea*. Vuelve a resonar el eco de la insalvable escisión entre la realidad nouménica y la fenoménica. El poema "Sobre la incertidumbre" dialoga con el texto de Wittgenstein, haciendo referencia a dicha temática de la siguiente manera:

> Mientras,
> sigo buscando un punto de partida,
> una sencilla proposición
> que pueda ser enunciada
> con certeza.
> Como si fuese posible
> aceptar algo
> sin aceptar todo,
> como si fuera posible afirmar,
> o negar,
> lo que se nos aparece
> luego de zigzagueantes tanteos,
> aproximaciones,
> alusiones, elusiones, ilusiones (*Poemas del conocer* 132).

En *Teoremas*, Isaacson vuelve a plantear el problema axiológico sosteniendo que el punto de partida connota una *petitio principii*; partimos inevitablemente de un valor que aceptamos como básico, pero que es, en rigor, arbitrario.[98] En un universo definido por la existencia, cabe pensar que el valor axiológico básico es lo *existente* que, como tal, se

---

[97] "*Wenn du weisst, dass hier eine Hand ist, so geben wir dir alles übrige zu*" (2). Wittgenstein está respondiendo a los ensayos de Moore "Proof of an External World" y "A Defence of Common Sense".

[98] Véanse los ensayos "Confieso/Confuso" y "Mostración/Demostración" incluidos en *Teoremas*.

muestra, no se demuestra; "*sólo* nos es concedido conocer fenómenos" (*Teoremas* 44). Toda demostración parte de una mostración, términos que constituyen, según Isaacson, el viejo enfrentamiento entre la razón y la fe: "Cuando San Anselmo (*De Veritate*) antepone la fe a la razón nos sentimos tentados de afirmar que un teólogo no podía pensar de otro modo. Pero si recordamos que Euclides –y todos los geómetras hasta Riemann y Lovachevsky– parten de postulados para construir sus teoremas, advertimos que la fe es el pedestal de la razón" (*Teoremas* 46).[99]

La crítica literaria debe explorar la visión filosófica de *Poemas del conocer*; debe analizar la carga emotiva e intelectual presente en el lirismo de imágenes incompatibles. Aun enfatizando el simulacro y el vacío, también es cierto que estos poemas se alejan de todo patetismo. La serenidad y lucidez cubren de emoción evocaciones y nostalgias.

Vano es el empeño de Sísifo. Con todo, la voz poética evoca con asombro su destino:

> Conocer, reconocer,
> requiere
> la audacia de los escaladores,
> más audaces aún cuando comprenden
> que la cima
> es tan sólo un proyecto imaginario (*Poemas del conocer* 44).

Según se trasluce en *Poemas del conocer*, la empresa del conocimiento es una audacia de escaladores incautos:

---

[99] El "punto de partida" con el que se abre *Poemas del conocer* queda reducido a una oscilación ambigua, a un punto de apoyo transitorio, en vez de una certeza. Apuntamos aquí las siguientes observaciones provenientes de "Confieso/confuso", el ensayo mencionado de *Teoremas*: este ser fluido y dinámico que somos, como parte de la *sustancia única* del Universo en continua trasformación, debe hacer de la ambigüedad el punto de apoyo reclamado por el Siracusano, más que eso: punto de apoyo de nuestra singularidad en tanto que el conocimiento sea y continúe siendo la esencia de nuestra especificidad. Formulación deudora del lejano Aristóteles (36-37).

cuanto más inalcanzable el proyecto, mayor la osadía. Existen las metas, no los caminos (24). Y existe también en las páginas de Isaacson la caverna de Platón, con la reminiscencia iluminadora del mito; late allí el arte de Scherezade, posibilitando los días. Y en la noche, busca la metafísica su horizonte.

CAPÍTULO 6
SOBRE CAMINOS Y METAS

6. I. SENDEROS DE LA UTOPÍA REVOLUCIONARIA EN *EL METAL Y LA VOZ*

> Y aunque existan las metas
> no hemos encontrado los caminos,
> y es posible que las metas sólo sean
> hábiles espejismos
> que engañosamente justifican
> los afanes inútiles,
> los imposibles horizontes.
>
> José Isaacson, *Poemas del conocer* 24.

La poética de José Isaacson, desde sus inicios, revela la continua búsqueda de un destino utópico que, aun siendo inalcanzable, se erige como atalaya del pensamiento y del arte. Negar tal rumbo equivale a desconocer el fluir de la historia, tanto en sus logros como en sus desastres. En este sentido, las páginas de Isaacson no dejan de apelar a nuestra conciencia, a la necesidad en nuestro tiempo de levantar, con voz unísona, los cimientos de un diálogo que posibilite el crecimiento.

Aunque incierto y trágico, el horizonte utópico de la existencia seguirá oteándose en nuestro caminar. Insensato es ignorarlo, ya que –según Isaacson– la vida humana no puede, en su devenir histórico, prescindir de tal mirada. Dicha opción no es viable. Así lo muestra tanto la visión que proyecta su ensayística como la voz que se desprende de su lírica.

Un continuo vaivén de ideales, avances y escarmientos modela la aventura humana; un titubeante escalar y una nueva caída se entrevén, cíclicamente, en el ritmo con el que se suceden las metáforas de Isaacson. En este sentido, su poética fluctúa de manera intermitente entre dos polos que generan una intensa dinámica, y que pueden identificarse con el horizonte utópico de Buber, por un lado, y con la vivencia kafkiana de su ineludible ilusión o imposibilidad, por otro. El diálogo que mantiene el texto isaacsoniano con estos dos escritores genera una dialéctica que no sólo marca su voz, sino que sella también la riqueza de sus intuiciones, frecuentemente manifiestas en el alcance de sus paradojas.

Alejada de modas y retóricas imperantes, la sencillez austera del texto de Isaacson vibra en la profunda red de sus implicaciones. Nos queda el canto; nos queda la intemperie de la palabra, "lanza y escudo" de nuestro existir, morada del tiempo:

> Y aunque sé que nada puedo alterar,
> enarbolo la palabra.
> Mientras flamee
> anunciará
> que algo es posible,
> todavía (*Poemas del conocer* 28).

El juego de tensiones que presenta el universo poético de Isaacson se ampara, a su vez, en el equilibrio y la mesura que desprende el texto. Por esta razón, conviven en él tanto la energía dionisíaca como la serenidad apolínea de la contemplación. El vuelco del *ser entero* en el sentir poético –desde la riqueza intuitiva de la sensibilidad a la amplitud de la intelección– busca sin exclusiones en el texto de Isaacson el latido del arte. Así lo entiende Anselmo Leoz en las observaciones introductorias que acompañan a *Oda a la alegría*. Para este crítico, la poesía de Isaacson, apartada de un juego retórico y carente de emotividad, aboga por la manifestación de un sentimiento abarcador, alcanzando al ser humano desde el *Yo-Tú*. Esta afirmación pronominal revela en la misma entraña del arte lo que para

Isaacson representa la entidad de la *persona*, entendida de esta manera como dinámica que se instala en el *corazón del mundo*. Dicha perspectiva buberiana –dirigida, como en Alonso Quijano, a la persecución de una armonía que posibilite el conocimiento, la belleza y el amor– se ubica en una corriente humanista cuya finalidad es el rescate del individuo de carne y hueso; del hombre o de la mujer en la conquista de una tolerancia abierta al diálogo y, en definitiva, abierta al *encuentro*. Para Anselmo Leoz, este es precisamente "el gran tema de nuestro tiempo", vórtice sobre el que gira la obra de Isaacson.[100]

Se destaca de esta manera una sorprendente unidad temática. El *encuentro* impulsa las ensoñaciones y las preguntas del texto isaacsoniano. Y ya sea en la lírica o en la ensayística, sus variaciones se suceden con creatividad. El sentido utópico impregna la obra de Isaacson. Se revela como invocación en *Plegarias*; late con asombro y admiración en *Cuaderno Spinoza*; o dibuja su huella en el mítico recuerdo de un Jardín, añorado nido de imposible retorno, como muestran las ciegas encrucijadas de *Poemas del conocer*, por ejemplo, una de las obras más penetrantes de la lírica hispana actual, como cabe con justicia suponer. Presente está también el sello de la utopía, y de manera no menos incisiva, en la vivencia de sus antípodas, en la reconstrucción periódica de los laberintos y prisiones que la mirada de Kafka vislumbra.

La llamada a la lucha por la justicia social se cubre de ímpetu en la juventud del poeta. Se alza como una composición coral en las páginas de *El metal y la voz* (1956), o deja sutilmente entrever su fuerza mística a través del canto del pueblo hebreo en *Oda a la alegría*, composición finalizada en enero de 1953. Ya en el mismo inicio de su lírica,

---

[100] Consúltense las valiosas observaciones de Anselmo Leoz en las solapas de la edición de 1965 de *Oda a la alegría*.

al regresar a Buenos Aires después de su estancia en Jujuy, Isaacson plasma sus inquietudes sociales abiertamente en sus versos. Mientras investiga sobre la ingeniería aplicada a la industria metalúrgica en una de las provincias de mayor producción de hierro en la Argentina, como es Jujuy, el espectáculo de la explotación –trabajadores encerrados en las minas y altos hornos de Zapla– impacta las vivencias del joven poeta. *El metal y la voz* es una colección de poemas que entona un canto solidario de pueblos y naciones. No es de extrañar el protagonismo que cobran los pronombres personales *yo, tú, nosotros*, recogiendo este último la fusión de voces en busca de un mismo ideal, generalmente simbolizado por imágenes como *estrella, aurora, esperanza, camino*... Son todas ellas metáforas que se insertan en un canto lleno de emotividad:

> Guardaremos la estrella
> celosamente,
> porque es tan nuestra
> como el dolor de su ausencia,
> porque es tan nuestra
> como el amor y la vida,
> porque es tan nuestra
> como la palabra futuro y la palabra rocío (12)

La llamada a la solidaridad viene reforzada en *El metal y la voz* por el epígrafe de Shelley, bajo el que se asume la existencia de una sola voz, de un solo poema en el devenir; en el transcurso de generaciones, pueblos y eventos que perfilan la historia.[101] Coincide aquí también Isaacson con Borges, ya que ambos asumen en definitiva una concepción

---

[101] La cita de Shelley recogida en este poemario es la siguiente: "...*episodes to that great poem, which all poets, like the cooperating thoughts of one great mind, have built up since the beginning of the world*" (*El metal y la voz* 11).

sacra de la literatura donde la pluralidad de voces es más ilusoria que real.

Cuando Isaacson publica *El metal y la voz* en 1956 –con treinta y cuatro años– decide incorporar en este volumen *Oda a la alegría* (1951) y *Buenos Aires-Jujuy* (1953). Estas dos obras iniciales, con la excepción de los poemas de amor de *Las canciones de Ele-í* (1952), recogen el espíritu idealista y revolucionario que prevalece por todo el poemario. El discurso, centrado en un canto a la esperanza, se caracteriza por un verso dinámico y ágil. Se trasluce aquí el fervor, la pasión esperanzada y la fuerza que distingue estos años de ideales revolucionarios, adscritos a ningún dogma político, a no ser el compromiso que abandera la solidaridad con el oprimido.[102]

El poema "Encendido anhelo" ilustra el fervor creciente de estos años, el entusiasmo alzado por una coral de voces en una meta común:

> Y el canto será retorcido fuego,
> encendido anhelo,
> antigua afrenta,
> cotidiano tormento,
> inextinguible esperanza.

---

[102] Así lo prueban los siguientes versos del poema "El mineral y la sangre":
En sinuosas galerías
el hombre sepultó al hombre
en los bosques,
en las montañas,
en las ciudades que construyó
con su piel y su sangre.

Pero el hierro que hoy aherroja
liberará mañana.
¿Qué es el metal
si no lo empuña una mano generosa
y altiva,
encallecida y firme,
una antigua mano proletaria? (23-24).

> Con el canto en los labios
> encenderemos el fuego,
> con nuestras propias manos
> acercaremos la aurora (*El metal y la voz* 25).

A lo largo del poemario, dotado como ningún otro de una musicalidad notable, la voz se torna estribillo, rumor, murmullo. Isaacson modela aquí un canto que, deliberadamente, busca escalar la altitud de un espacio poético que, como la idea platónica del Bien, proyecta luz en la lucha donde se fragua el devenir humano:

> y es vertical la estrella que señala
> el camino del hombre
> hacia el hombre
> vertical.
>
> Verticales los pueblos se levantan,
> como el puño y la estrella se levantan.
> Y es vertical tu anhelo
> y vertical,
> nuestra común esperanza (39).

También recoge este volumen, particularmente en los poemas inspirados en Jujuy, la solidaridad con los pueblos indígenas, oprimidos y humillados por la afrenta. La denuncia, enfatizando el aislamiento de estas gentes, se manifiesta con vigor descriptivo y sutileza en el poema "Humahuaca". En el sucinto retrato de la soledad y el abandono de una comarca geográfica, se intuye el dolor de la invasión, así como la continua opresión de un pueblo denigrado:

> ¿Quién dirá los nombres
> de tu silencio
> raído,
> innumerable,
> agobiante,
> Humahuaca? (50).

Mineral, carbón, hierro son tres conceptos centrales en los que se inspiran los poemas dedicados a Jujuy y que armonizan con el conjunto de las composiciones de *El metal y la voz*. Surgen en el texto imágenes candentes que aluden a condiciones de trabajo denigrantes; escenarios que calcinan el crecimiento personal. Un *pathos* solidario, de hermandad, y un espíritu de denuncia ante la explotación de los mineros recorren los versos del poema "Palpalá". Aquí, el ritmo de la estrofa va desvelando con insistencia la propagación de una esclavitud laboral; de un enjambre masificado de obreros sin rostro: "pesan, pesan, pesan / y cargan... / Hora tras hora, tras hora" (53). Es una voz de protesta que, denunciando condiciones de trabajo infrahumanas, no cesa en su empeño por concebir un *despertar*. Esta simbólica aurora se identifica en el texto con la llegada de un momento histórico en el que se escucha un canto común, anunciado en el ritmo y el vigor creciente de las estrofas.

El sentido utópico de todas estas composiciones yace en la defensa del obrero y en la denuncia de una sociedad despersonalizada y cruel. Muestran estos poemas un canto de hermandad y un espíritu solidario con el oprimido. Cabe la posibilidad de oír, a su vez, en este canto –especialmente en la riqueza evocativa de *Oda a la alegría*– el eco del pueblo hebreo en la espera mesiánica de un mítico amanecer.

6. II. EL RESCATE DE LA ESPERANZA EN *AMOR Y AMAR*

In the beginning is the relation.

Martin Buber, *I and Thou* 69.[103]

Ya en *El metal y la voz* se detecta, bajo el uso de reiteraciones y versos cíclicos, un discurso con ecos bíblicos. Esta tendencia es todavía más patente en la breve colección de poemas *Amor y Amar*, publicada en 1960, donde vuelve a incidir Isaacson en el espíritu de solidaridad que ya se puso de manifiesto en *El metal y la voz*:

Y sobre todo amor
y en todo amor encontrarte
y amarte
hermano mío,
que en la luz o en la sombra
avanzas (*Amor y Amar* 38).

La reminiscencia bíblica en *Amor y Amar* parece seguir los destellos de una corriente mística. Acercándose al misterio en la mesura de los versos, cabe suponer que anima a este volumen, ya desde el primer poema, un espíritu de celebración y de sorpresa en la cotidianeidad:

Celeste ternura
que en enero me rodea
...
Perpetuo asombro, manantial
del canto
que en mi corazón golpea
y cada verso es una primavera
vencedora de invernales silencios (23).

---

[103] "Im Anfang is die Beziehung" (25).

El temple afirmativo de *Amor y Amar* se convierte en uno de sus rasgos más predominantes, fortaleciendo el equilibrio interno del poema. La fuerza cordial que se desprende de este poemario enfatiza especialmente el concepto de *relación*, idea vórtice de todas las composiciones aquí incluidas. Dicho eje es a su vez, dentro de la fantasía teológica de Isaacson, base ontológica del ser; no es de extrañar, por lo tanto, los vínculos que este volumen guarda con el pensamiento utópico de Buber. Los ecos bíblicos en torno al concepto de *relación* armonizan en el texto de Isaacson, por otro lado, con el panteísmo de Spinoza y la dialéctica del Espíritu que Hegel desarrolla en su doctrina. Con todo, el poemario no representa por sí mismo un credo religioso específico. Aunque dotado de una expresión sumamente concisa, la amplitud semántica de su sentido depara múltiples lecturas, ya se basen éstas en una postura laica, panteísta, humanista o judaica. Tampoco se identifica la voz de este poemario con un tiempo histórico concreto, con una generación determinada o un lugar geográfico. El canto parece barrer fronteras y marcos cronológicos en cada uno de sus versos.

Un énfasis en la *relación* preside esta obra de Isaacson; "un abarcante anhelo de comunicación está en el principio y en el fin de su poesía", señala Carlos Mastronardi (Prólogo 12). El sentido es el mismo. Bien sea entendida como diálogo o como relación, la búsqueda que el texto de Isaacson emprende se dirige al encuentro del interlocutor. Y en última instancia, las múltiples caras del *tú* se convierten en modos de la univocidad del Ser, del *Deus sive Natura*.

Según Mastronardi, "una firme preocupación moral" alienta esta obra (13). Tal creencia puede aplicarse con legitimidad al espíritu de lucha y compromiso que había caracterizado ya *El metal y la voz*. En esta ocasión, el discurso poético, al convertir el amor en canto, evoca frecuentemente la estructura, así como el tono, de un rezo.

No es de extrañar que después, en 1996, José Isaacson reúna precisamente bajo el título de *Plegarias* un volumen de cantos con vocación de salmos. En *Amor y Amar*, el uso de la reiteración subraya el componente emotivo de versos fronterizos al rezo, y que convierten este conjunto de poemas en una obra de sencillez inclasificable:

> Repitamos tus nombres,
> amor, eres la única razón
> y el único porqué.
> ...
> perfume esencial
> en el corazón del tiempo.
>
> Repitamos tus nombres,
> amor,
> incansablemente.
> Que tu reino se extienda
> sobre los días,
> día a día,
> cada día (*Amor y Amar* 66).[104]

En la obra de Isaacson, el concepto del *interlocutor* emerge como una pieza clave, determinando el alcance de su postura humanista. Es fundamental en su análisis sobre Kafka, ya que percibe los retratos de una soledad fantasmal o de una situación sin salida como variantes de un interlocutor ausente. El poemario *Amor y Amar*, sin embargo, se concibe desde un canto que celebra la inmensidad del cosmos, incluso en sus elementos aparentemente más nimios y comunes.

Un discurso afirmativo modela el presente volumen. No obstante, tampoco ha de olvidarse la ocasional incidencia en el sarcasmo. En este caso, el simulacro del rezo

---

[104] Ilustran esta tendencia con belleza sorprendente las dos últimas estrofas del poema "Saber encontrarte" (41-42).

sirve para reforzar la crítica o la parodia. Así lo prueban las siguientes estrofas:

> No digas amor,
> que no te oyen.
> No digas amor,
> que no te entienden.
> No digas amor,
> porque se burlan.
> Hoy todo se mide
> y se pesa
> y se cuenta.
> Y cálculo sobre cálculo
> intoxican el cielo,
> y cálculo sobre cálculo
> corrompen los elementos,
> y cálculo sobre cálculo
> acumulan el terror
> y la derrota (*Amor y Amar* 71-72).

Difícil es ignorar otro de los poemas donde palpita una sorna digna de reflexión:

> Y quienes todo lo saben,
> me perdonen.
> Y quienes todo lo explican,
> me perdonen.
> Y quienes todo lo comprenden,
> me perdonen.
> Y quienes todo lo resuelven,
> me perdonen.
> Y quienes todo lo creen,
> me perdonen.
> Y quienes todo lo admiten,
> me perdonen.
> Y quienes todo lo soportan,
> me perdonen.
> Y quienes nunca dudan,
> me perdonen,
> me perdonen (67).

Como indican las estrofas antes citadas –"[r]epitamos tus nombres, / amor, / eres la única razón / y el único porqué"–, la voz poética dialoga con un *tú*. Dicho interlocutor se identifica con el amor, en cuyo nombre se aúnan la pluralidad de nombres y se erige como última justificación de la existencia. Este núcleo dinámico se manifiesta en *Amor y Amar* con un compromiso hacia una expresión elemental y desnuda; un discurso donde las palabras balbucean el silencio.[105] Valgan aquí unas observaciones al respecto.

Thorpe Running coincide con lo apuntado por Carlos Mastronardi en el ensayo "Isaacson y la esperanza", al señalar que este poeta se distingue por el uso de un "estilo llano, directo y transparente" (77). Para estos críticos, la originalidad de Isaacson proviene de una postura que se aparta de las retóricas imperantes. En este sentido, las características que aparecen con nitidez en esta temprana obra de Isaacson son aplicables al resto de su producción lírica.

La elección de un discurso llano, abierto, volcado en la franqueza y en la afirmación del devenir, surge sin dobleces ni artificios en las primeras obras de Isaacson. Desprovista de ropaje, la imagen busca la entraña del ser, su latido. La visión intelectual que se revela aquí vuelve a los orígenes; regresa a la esfera inmóvil de Parménides y al río de Heráclito: "Náufrago en el tiempo, / a veces, / las horas me van cubriendo" (28). Y vuelve el sentido de esta voz al *Génesis*, así como volverá fundamentalmente a

---

[105] Intelectualmente, Isaacson concuerda aquí con la mística de San Juan de la Cruz, pero su lírica fluye por su propio cauce. Son varios los poemas que se orientan en esta dirección. Véase como ejemplo la siguiente estrofa:
Mientras los días descuentan
la eternidad del tiempo,
yo me acerco
a la secreta entraña
donde algún día diré mi canto
ya sin palabras (26).

Spinoza, para invocar después la visión teológica de Martin Buber. Esta obra, como el resto de la lírica de Isaacson, perfila la imagen de un pensador que, desatendiendo la pompa literaria, se entrega de lleno a una búsqueda epistemológica y estética.

La mirada al mundo cotidiano, uno de los rasgos distintivos de la poesía de Isaacson, se revela claramente en *Amor y Amar*:

> Cada día
> ver con nuevos ojos
> las mismas cosas diferentes.
>
> Magia del ser
> estando solamente (24).

Este llamamiento a lo elemental, que centra la mirada en la realidad para *verla*, tiene una misión gnoseológica y estética. Se trata de un enfoque que transforma el mundo cotidiano en *otro*, siendo *el mismo*. Esta visión que, como sabemos, Borges usó con gran magisterio, la hallamos también –salvando las diferencias de estrategias y objetivos– en Isaacson. La mirada enfocada en lo cotidiano termina resaltando lo *insólito*, la *extrañeza* del ser, llenando de asombro el entorno familiar. Nada más sorprendente que el *ser*, relacionado aquí fundamentalmente con el latido de la vida misma. Se explica así que el término *corazón* tenga tanta recurrencia y tal fuerza catalizadora en este tercer poemario de Isaacson:

> Única eternidad
> que el hombre logra: la del corazón
> que ama
> y porque ama, cree
> y crea (24-25).

La emotividad lírica se despliega en metáforas que dejan intuir un tiempo de incógnitas, de espera y de asombro. El discurso poético fluye sin distorsiones ni estridencias dentro de un orden natural; los interrogantes, así como las emociones y expectativas que despiertan sus imágenes, convocan su habitual medida de dolor y belleza:

> Otra vez
> con tu mano de estrellas
> y espinas
> ciñes mi garganta
> y el canto florece
> sobre la sangre,
> sobre la carne torturada (27).

Encauzada en la pregunta, la búsqueda de conocimiento es una constante ineludible. Se trata de una tendencia presente ya en el primer poemario de Isaacson, como observa Delfín L. Garasa. Para este crítico, a medida que se avanza en la lectura de *Las canciones de Ele-í*, surgen las incógnitas: "Las palabras cotidianas rompen su brote semántico y aluden a realidades que trascienden su ámbito" (Running 22). Con este primer libro de poemas, sorprendentemente maduro y original, según Garasa, irrumpe Isaacson en el campo de la poesía "con pie firme, sin azoramientos de novato, como quien pisa terreno propio, como quien sabe que la fuerza del impulso a expresar algo –a expresarse– es quizá su única justificación valedera" (Running 21). Alfredo de la Guardia confirma tal creencia en su estudio "Certidumbre de la poesía". Para este crítico, la lírica de Isaacson se adentra en el misterio, dado que busca "la expresión del ser", fluyendo "desde la intimidad hacia el mundo, desde la fugacidad hacia lo eterno" (Running 86).

No deja de ser un proceso irónico: cuanto más marcado el deseo de luz, más honda la incógnita. Se opta por una entrega a la claridad de la palabra... Pero la luz que en ella se proyecta no hace más que intensificar su complejidad y abrir su magia.

El misterio del *ser* modela el canto. Identificando la voz humana con Ulises, el poema de Borges "Arte poética"

–pieza emblemática que cierra la colección de *El Hacedor* (1960)– concluye que el mayor de los desafíos y prodigios que la vida depara a Ulises se encuentra, irónicamente, en su Ítaca, "verde y humilde". El viaje de regreso a su hogar le depara el asombro de lo cotidiano; la inmanencia del ser. El tiempo es el refugio imposible de un ser efímero, que halla en el arte su eternidad:

> Cuentan que Ulises, harto de prodigios,
> lloró de amor, al divisar su Ítaca,
> verde y humilde. El arte es esa Ítaca
> de verde eternidad, no de prodigios (161).

A través de la llaneza característica de sus metáforas, de su estilo franco, Isaacson emprende un rumbo destinado a descifrar la clave del tiempo, viaje que, como ocurre en la obra de Borges, desemboca invariablemente en la perplejidad. Arduo es el trayecto, no ya por los retos filosóficos que contempla, sino por el afán de evadir la comodidad de convenciones cognitivas. La voz esencialmente directa, incluso humilde, parece estar sólo atenta a la esencia del devenir. Nada más lejos de la ostentación y el ornamento que el canto íntimo e intemporal de José Isaacson. Nada más cerca de la sencillez ni más lejos de la simplicidad.

Para un pensador y un poeta, inspirado con fuerza en la filosofía de Spinoza como lo es José Isaacson, el infinito es un concepto del todo fundamental en su lírica. Podría incluso decirse que sus poemarios son variaciones musicales de una misma tonada: el elogio y el misterio del *infinito* (o si se prefiere, la zozobra del tiempo y la eternidad). *Amor y Amar* no es una excepción. Este poemario ensalza el amor como principio del cosmos:

> Yo celebro
> la aventura del hombre
> orgulloso
> a horcajadas del cielo,

pero que el amor lo impulse,
motor esencial y único,
antiguo herrero
que encendió
el primer fuego para alejar la noche (76).

La capacidad evocativa de estos versos adentra la lectura en los dominios del mito. Sobrepasando marcas generacionales, el verso alcanza en su vuelo los parajes recónditos de la *psique*. La voz de este poemario aboga por un mundo solidario; un mundo que, a pesar de su fragilidad, no se rinde, como Jacob; o surge, como ave fénix, de sus propias cenizas:

Te amo porque esperas
y sufres
y anhelas
y nunca las tinieblas pudieron
rodearte por completo (*Amor y Amar* 39).

La visión teológica de esta obra establece un diálogo con Buber y Spinoza. Cabe interpretar *Amor y Amar* bajo la faz de un mismo ser, el *Deus sive Natura*. La sustancia es acto y es potencia, es camino y es meta; es infinito que se contiene a sí mismo. Ya sea vista como *naturans natura* o como *naturans naturata*, su ser contiene una relación de reciprocidad. Es principio y es fin: "Amor / que es amor y amar / al mismo tiempo" (62). La identificación del sustantivo y el verbo enlaza con la concepción panteísta del ser que Spinoza concibe en su *Ética*. La definición III de esta obra magna del pensamiento define la sustancia como aquello que es *en sí mismo*, que se contiene a sí mismo, y que se concibe *por sí mismo*.[106] Contiene su propia justificación, su propia razón de ser. Con la sustantivación del concepto –*Amor*–, por un lado, y su expresión verbal en infinitivo

---

[106] La versión inglesa lo expresa así: "*By substance I understand that which is in itself and is conceived through itself*" (*Ethics* 41).

–*Amar*–, por otro, connotando estatismo y dinamismo respectivamente, se enfatiza la totalidad de un concepto ambivalente. El ser inmóvil y estático de la sustancia es también potencia, futuro y constante devenir; es infinito: "*I say absolutely infinite... for of whatever is infinite only in its own kind (*in suo genere*), we can deny infinite attributes; but to the essence of that which is absolutely infinite pertains whatever expresses essence and involves no negation*" (*Ethics* 41). Este poemario se caracteriza precisamente por su tono de *afirmación*. Puede decirse que, como en Nietzsche, es una afirmación del devenir, del presente. Pero el canto de Isaacson busca en el horizonte utópico de Buber su inspiración. La voz poética quiere construir porque quiere amar:

> Cómo construirte, amor
> todos los días
> para que la tierra sea
> tuya y mía
> y nuestra (54).[107]

El término *amor* posee en esta obra múltiples acepciones, no dejándose limitar por ninguna de ellas en concreto. Se constata su amplitud. Puede mantenerse, sin embargo, que los últimos poemas de *Amor y Amar* alientan especialmente el valor de ideales basados en la armonía social. Un sentimiento de solidaridad y compromiso recorre sus páginas.

Este tercer poemario de Isaacson, *Amor y Amar*, publicado también como *El Hacedor* en 1960, ilustra, con su vocación por la mesura, las tendencias indicadas. Se vislumbran aquí muchos de los temas y características que el lector encontrará en *Cuaderno Spinoza*, *Plegarias* o *Poemas del conocer*. No se detiene este breve poemario en el deleite de la apariencia sensorial, en la recreación de la naturaleza

---

[107] "Los poetas que aman / construyen" (*Amor y Amar* 52).

a través de diversas sensaciones: "Otros dirán mejor / el amor a la tierra y a los árboles" (24). Tampoco busca en la musicalidad de rimas y complejas estructuras estróficas la fórmula de la armonía. Un tenue ritmo sustenta aquí un monólogo reflexivo, un canto cotidiano abierto y conciso. La alusión a la naturaleza recurre a elementos comunes: árboles, pájaros, raíces, mar, luz... El yo íntimo del poeta da paso a una voz genérica, para después afirmarse en el diálogo, en el encuentro con el *tú*:

> Amor,
> amor que en mi corazón golpea,
> y nada más que amor
> para ofrecerte (25).

El poema transmite su fuerza latido a latido, o "verso a verso"; se instala en un nivel de apertura y compromiso, de comunicación directa, de diálogo. Sangre, ritmo, aliento de vida, corazón del cosmos... Este poemario se dispone a buscar en el *encuentro* –como lo harán otras obras literarias posteriores– el manantial de la vida y del arte; el punto donde las coordenadas espacio-temporales se anulan.

El discurso se instala en el polo opuesto de la grandilocuencia y del artificio. El poeta no busca lo prodigioso en lo sobrenatural. La fantasía no anida en el más allá; el mundo nouménico reside en la inmanencia cotidiana del ser. Desoye así Isaacson la cadencia de una seudopoesía erudita para atender el misterio que baña el correr de los días: "Oh mundo mágico y real / al que no pude acostumbrarme" (24). Desde el familiar recinto de árboles hasta las parábolas celestes, el poema canta la magia del cosmos. La grandeza del universo trasluce su ser en el simple latido, el puro fluir de la sangre que es, de por sí, una apuesta al infinito.

6. III. EL IMPOSIBLE RETORNO

> No abandonaré la pregunta.
> Con ella recrearé
> los ríos
> que limitaban el Jardín,
> dibujaré
> las oscilaciones de sus árboles,
> sus múltiples aromas
> respiraré,
> y pregunta a pregunta
> trasformaré
> el Exilio en un Retorno
>
> José Isaacson, *Poemas del conocer* 10

Junto al tema estelar del tiempo e íntimamente relacionado con él, otro eje fundamental en la lírica de José Isaacson puede identificarse con el anhelo, la búsqueda o la imposibilidad de alcanzar un ideal utópico, ideal que supuestamente marca, y a su vez define, la existencia.[108] Cabe incluso asumir que el pensamiento humanista de Isaacson es inconcebible sin esta orientación que se adentra, con plenitud, en el terreno del mito bíblico. Varias constelaciones de metáforas perfilan en su lírica una realidad absoluta, concebida como entidad primaria y eterna, o bien intuida como lugar edénico o utópico.

Nos hallamos aquí ante un grupo de imágenes instaladas en la esencia del mito y de la fábula. Su riqueza simbólica se introduce en la ontología, apelando a la entraña del

---

[108] A lo largo del presente volumen se esboza la importancia de este tema en la obra de Isaacson. No hay duda de que se trata de un tópico cuya amplitud requeriría un proyecto independiente.

ser; incide en los postulados principales de la metafísica, relacionados con el tiempo, el espacio y la identidad; y finalmente, revela su alcance teológico y bíblico. El Jardín, así como el concepto de expulsión –imágenes que se remontan al Origen, a un tiempo y espacio míticos–, adquieren una presencia notable en *Poemas del conocer*, donde configuran totalmente el poemario, y vuelven a resaltarse con medida emoción en *Plegarias*. Desde una perspectiva judaica –enraizada en el pensamiento de Spinoza o de Buber–, se apela en otras ocasiones al Nombre Bendito, al Rostro o al Libro. En todo caso, la carga semántica de estos conceptos queda realzada en la transparencia del discurso que fusiona equivalencias bajo un mismo latido poético.

El poema "Martin Buber", incluido en *El Pasajero*, se apoya en el concepto del Nombre Bendito –*Baruch Hashem*–, concebido como destino utópico de los caminos, meta final en el peregrinaje y exilio que anhela el Retorno. Dicho poema está dedicado al padre de Isaacson, quien –según confiesa el poeta mismo– le reveló "los nombres que aluden al Nombre" (*El Pasajero* 85). Se trata también, ciertamente, de un tema relevante en Borges, como ha señalado la crítica dedicada a este escritor.[109] De hecho, puede asumirse con legitimidad que en ambos la apelación al Nombre adquiere un sentido utópico e incluso llega a jugar, al menos en *Plegarias*, un papel catalizador. En Isaacson, el tema sigue mostrando su *magia*, sobre todo en la profesión de desnudez que revela la voz poética de

---

[109] Dentro de la crítica dedicada a Borges, una de las obras más penetrantes en lo referente a temas cabalísticos viene, precisamente, del mismo Isaacson. Consúltese su estudio *Borges entre los nombres y el Nombre*.

Plegarias.[110] Orientándose el poema aquí hacia la estructura dialogada del rezo, el canto perece circundar un balbuceo contemplativo y ensimismado, abriéndose al brote místico de la escritura:

> Muy pronto arderán las hogueras del otoño
> y yo
> en algún recodo perdido y solo
> como un eco amortiguado de Tu Verbo
> murmuraré mis oraciones (*Plegarias* 25).

A diferencia de Borges, cabe suponer que la huella más distintiva que adquiere la apelación al Nombre en la obra de Isaacson anida en el diálogo que ésta mantiene con las doctrinas de Spinoza y de Buber.[111] De hecho, el *Génesis*, los *Salmos* y el *Deus sive Natura*, así como la mística judeocristiana, son fuentes de inspiración en *Plegarias*, como indica Isaacson en el prólogo de este poemario. El Nombre inefable se convierte aquí en el vórtice sobre el que giran los poemas. De esta manera –como ocurre con admirable maestría y simbolismo en Borges–, vislumbrar el Rostro accediendo a las letras impronunciables del Nombre equivale a encontrar la propia justificación e identidad: "Cuando descubra / la música de Tus letras impronunciables, / conoceré el secreto que mi nombre encubre" (*Plegarias* 40). Gracias al sorprendente espíritu de síntesis y a la penetración intuitiva de Isaacson, el *Deus sive Natura* de Spinoza alcanza en su obra la dimensión mágica y personal de la *relación*; el sujeto dialógico se afirma en el Texto infinito. Esparcida con diferentes tonos de intensidad a lo largo de su lírica, la fantasía teológica de

---

[110] Recordamos aquí los versos de Rabindranath Tagore en los que se valora igualmente el canto despojado de ropaje: "*My song has put off her adorments. She has no pride of dress and decoration. Ornaments would mar our union; they would come between thee and me; their jingling would drown my whispers*" (5).

[111] Esta orientación viene explícitamente manifiesta en *El Pasajero*, como indica el mismo título del poema citado anteriormente "Martin Buber".

Isaacson procede a dar, por lo tanto, un viraje significativo: el Dios del filósofo de Ámsterdam no es otro que el ser dialéctico de la relación Yo-Tú: "Tu Escritura / se extiende en el Rostro que nos muestras" (*Plegarias* 36). El texto, la escritura, implica un interlocutor vivo, permite "un diálogo con múltiples variantes y con indefinidas variaciones".[112] La integración de los componentes básicos de dichas teologías en una misma realidad es, de alguna manera, una postura filosófica reminiscente de la navaja de Ockham: "*Entia non sunt multiplicanda sine necessitate*".[113] En este sentido, quizá merezca la pena recordar que la redundancia explicativa, al parecer, eran oscuras fosas de las que huían tanto el maestro de Ockham, Duns Scotus, como Maimónides.

Importante es observar la doble función de la lírica isaacsoniana en el juego de tensiones que ofrece el dinamismo de su dialéctica. Por un lado, como se manifiesta en *El pasajero* y en *Poemas del conocer*, la voz poética se adhiere a una postura epistemológica afín al escepticismo que Wittgenstein desarrolla, especialmente, en sus últimas obras. En este sentido, puede hablarse de un enfoque que resalta la *negación*, o si se prefiere, la ausencia, la precariedad, la falta de un apoyo cartesiano último e inapelable.[114] Tal postura queda ilustrada en el siguiente pasaje de la obra de Maimónides:

---

[112] Se trata de una idea inspirada en la tradición judaica, que vertebra el pensamiento bíblico de Isaacson principalmente en sus ensayos sobre Kafka. Véase, como ejemplo, el capítulo inicial de *Introducción a los Diarios de Kafka*.

[113] La frase se atribuye a Ockham. Su formulación más próxima se encuentra en las sentencias de P. Lombardi: "*Numquam ponenda est pluralitas sine necessitate*" en *Quaestiones et decisiones in quattuor libros Sententiarum Petri Lombardi*.

[114] En *Plegarias*, Isaacson vuelve a corroborar la postura epistemológica que recorre *Poemas del conocer*: "La trémula ambigüedad es mi apoyo" (20).

If a man claims that he sets out to demonstrate a certain point by means of sophistical arguments, he does not, in my opinion, strengthen assent to the point he intends to prove, but rather weakens it and opens the way for attacks against it. For when it becomes clear that those proofs are not valid, the soul weakens in its assent to what is being proved. It is preferable that a point for which there is no demonstration remains a problem or that one of the two contradictory propositions simply be accepted" (II 293).

Por otro lado, sin embargo, la poética de Isaacson se decanta por una vertiente teológica de *afirmación* (desde el bíblico *Soy el que Soy* al Dios de Spinoza y de Buber). Aunque irónicamente enfaticen conceptos opuestos, estas dos vertientes tienen en su obra el mismo peso, siendo del todo indispensables para su comprensión; al igual que las dos caras de una misma moneda, constituyen la estructura de su pensamiento.[115]

Uno de los motivos más recurrentes en la vertiente utópica del texto isaacsoniano, dotado a la vez de un singular protagonismo, se identifica con el Jardín añorado. Recordemos que *Poemas del conocer* se abre, y no casualmente, con "La pregunta destruye el Jardín". De igual manera, el poema inicial de *Plegarias* "Señor que riges los encuentros" contrasta "la frágil residencia" de la tierra con la nostalgia del Recuerdo. Este lugar mítico, latente también en la obra de un pintor tan apreciado por Isaacson como es Chagall, juega un papel medular en *Poemas del conocer*;

---

[115] En el estudio introductorio de Leo Strauss a la edición de *The Guide of the Perplexed*, observa que en Maimónides coexisten dos tendencias incompatibles, el cuestionamiento filosófico y la aceptación del creyente. Mientras que el filósofo basa sus explicaciones partiendo de las facultades que son accesibles al ser humano, Maimónides parte de la aceptación de la Tora: "*A Jew may make use of philosophy and Maimonides makes the most ample use of it; but as a Jew he gives his assent where as a philosopher he would suspend his assent*" (xiv). Esta doble vertiente puede inspirar también la obra de Isaacson.

vuelve a emerger en *Plegarias*; sirve de atalaya crítica en *Veinte poemas posmodernos y una canción deshilvanada*, y yace en todos sus estudios sobre Kafka. Según la visión que se desprende de estas obras, el peso del mito sella simbólicamente el origen y la identidad del proyecto humano, convirtiendo el Jardín en modelo utópico. Tal idealización traza el recorrido humano en "la historia de esa añoranza" (*Poemas del conocer* 8).

 La poética de Isaacson se nutre del vivo contraste que en ella ejerce la concepción de dos espacios diametralmente opuestos; el ámbito edénico del Jardín y el espacio minado por el sinsentido, asiento de la paradoja y del exilio. Dicha oposición se ancla, en última instancia, en el contraste entre dos concepciones del tiempo; el tiempo mítico de la eternidad, por un lado, y el retrato de lo temporal y contingente, por otro. Según el universo simbólico que traza sutilmente el texto isaacsoniano, es la dimensión temporal la marca de identidad del ser humano. De nuevo, se trata de una morada henchida de contrasentido, en tanto que construye y destruye la vida humana. Inseparable de esta concepción del tiempo, se encuentra la entidad de la palabra. Raíz, tronco y ramas de un árbol de precarios conocimientos, la palabra deviene –como se ilustra en *Poemas del conocer*– en identidad y morada, en "posesión compartida" de un anhelo proyectado hacia una meta imposible (22). Como se indica con creciente ironía en *Introducción a los* Diarios *de Kafka*, en lo que a la vida humana se refiere: "Las leyes ya están dadas"; imposible es evadirlas: "El horizonte se aleja a medida que nos aproximamos" (29).

 Yace aquí uno de los niveles más bellos y profundos del texto isaacsoniano. La presencia de la paradoja en el contexto del mito acrecienta su latido poético. La palabra se convierte en la pregunta que destruye el Jardín; levanta un refugio construido de intemperies; se erige como "lanza y escudo", o se asienta en "la imposible huida" (ejemplos de imágenes que retratan los versos de "Enarbolo la palabra", composición incluida en *Poemas del conocer*). La voz de *Plegarias* reincide en la añoranza de una patria, perdida y buscada en el inolvidable sello de su Recuerdo:

> Si la mirada
> es incapaz de atravesar espesas nubes
> la alegría
> esconde sus trémulos manantiales.
>
> La palabra es mi cayado
> y me convierto
> en pastor de nostalgias (11).

A través de estas dos estrofas, puede comprobarse que la voz poética concibe la palabra cumpliendo una doble función. Si por un lado se constata en ella una *mirada* inevitablemente opaca, por otro, la convierte en manantial de esperanza, identificable con el espíritu de la creación artística. Esta dualidad corre implícita también en la mayor parte de la obra ensayística de Isaacson.

Teniendo en cuenta el papel metafórico que caracteriza el vocablo *mirada*, la voz poética vuelve a instalarse en una concepción escéptica, abogando por una postura de cautela y una toma de conciencia de las limitaciones cognoscitivas. "La gran paradoja de la lucidez es que agudiza la percepción de las sombras", confiesa Isaacson en *Introducción a los Diarios de Kafka* (39). Dicha postura llama a compartir una creencia que nos instala en la humildad, pero no necesariamente en el nihilismo que caracteriza gran parte de las corrientes posmodernas. Como se ha comprobado en los capítulos anteriores, no es viable eludir la vertiente escéptica por la que discurre la producción literaria de Isaacson. Pero tampoco es posible eludir la crítica que ejerce a una postura que, enraizada en la negatividad, nada construye y a nada se compromete.

En *Veinte poemas posmodernos y una canción deshilvanada* (2000), la sorna de la voz poética no titubea a la hora de denunciar los males que aquejan a nuestro tiempo. Los congelados dogmas, la parálisis a la que conducen actitudes nihilistas y las falsas erudiciones son aquí objeto de burla. Vuelve este volumen a recordar "las oscuras hogueras medievales / la copa de Sócrates / la ducha de gases letales" (39). Preferible es ir a contracorriente que ceder o venderse a las tendencias de *mercado* dominantes; no hay aprobación alguna en la obra de Isaacson hacia cualquier intento por "vallar los rumbos del horizonte" o por elogiar las huecas voces que "mancillan la esperanza" (15). Hay en este poemario una crítica mordaz a la traición de ideales, manifiesta en la pedantería intelectual, en la prepotencia del colonialismo lingüístico y en la vacuidad de las modas, diversas caras todas ellas de imperios decadentes, como sugiere el poema "*Fashion*". Según la voz de *Veinte poemas posmodernos y una canción deshilvanada*, tanto la adhesión a rígidos dogmas, que imposibilitan la tolerancia, como el intento de dinamitar la razón conducen al desastre:

> Nuevas barbaries
> procuran ahogarnos
> en el estercolero construido
> por su amor al odio.
>
> Guillotinar la utopía
> perfecciona la barbarie (39).

Isaacson desarrolla estas ideas en obras ensayísticas como *Antropología literaria. Una estética de la persona* (1982), y posteriormente, en *Para una ontología de la industria cultural* (2008). La palabra, concebida como identidad y morada del ser, afirma interrogando. Si la verdad nos está impedida, la ambigüedad supone, en cambio, la posibilidad de ir construyendo a medida que se alcanzan diferentes niveles de comprensión. La incertidumbre que alimenta la búsqueda prescinde de opciones forzosamente limitativas, despojándose de opiniones que suelen caer en peticiones de principio.[116] Como se indica en *La realidad metafísica de Franz Kafka*, todo es siempre un mero comienzo, un esbozo perpetuo: "Las metas existen, lo que no existen son los caminos" (24). Comprender nuestra realidad es, para Isaacson, querer transformarla en la proyección de ideales. En este sentido, el arte nos devuelve nuestra propia cara, siendo manantial de esperanza:

> Mientras Don Quijote
> continúe cabalgando en Rocinante
> seguiré construyendo
> el mundo que me pertenece (*Veinte poemas...* 29).

La obra de Isaacson incide cíclicamente en un canto que parece ser, a la vez, lamento y afirmación. La fuerza de Don Quijote reside, de manera irónica, en su entrañable y espectacular fragilidad; en su cuerda locura: cuanto más imposible la meta, más tenaz el esfuerzo.

La paradoja dibuja, según estas concepciones, el rostro de la realidad. Incapaces tanto de asumir como de renunciar a la búsqueda de un vestigio de verdad, los trazos del sinsentido perfilan una belleza trágica y misteriosa; belleza asentada en la pregunta, incesante. El compromiso humanista de Isaacson realza en su empeño la misión poética y buberiana del diálogo; aunque las palabras llevan el sello de sus cenizas, también renuevan, como ave fénix, sus alas.

En el espejo kafkiano de la existencia vuelve a reflejarse la figura de Sísifo. Dicha condición es la que nos define, aun más, "la que marca la nobleza del destino humano".[117] Como

---

[116] Ver *Introducción a los Diarios de Kafka* 32.
[117] Es la visión a la que nos acerca el ensayo *Introducción a los Diarios de Kafka* (83). Derrama aquí Isaacson pasajes de gran belleza lírica, destacando el sentimiento de hermandad y admiración que siente por el escritor checo.

Martín Fierro, Isaacson sigue enseñándonos que quizás el *canto* pueda ser el *camino*, pues el desafío a los fantasmas del miedo y de la incertidumbre posibilita el crecimiento. Aunque inalcanzable, el rumbo hacia la cima ha de orientar la existencia. Quedan abiertas las puertas del arte.

BIBLIOGRAFÍA

Obras del autor

Poesía

Isaacson, José, *Las canciones de Ele-í*. Buenos Aires: Lautaro, 1952.
——. *El metal y la voz*. Buenos Aires: Américalee, 1956.
——. *Amor y Amar*. Nota preliminar por Carlos Mastronardi. Diseño de la cubierta por Rafael Alberti. Buenos Aires: Américalee, 1960.
——. *Elogio a la poesía*. Buenos Aires: Librería Hachette, 1963.
——. *Oda a la alegría*. Buenos Aires: Librería Hachette, 1965.
——. *Oda a Buenos Aires*. Buenos Aires: Américalee, 1969.
——. *El Pasajero*. Buenos Aires: Américalee, 1969.
——. *Cuaderno Spinoza*. Buenos Aires: Marymar, 1977.
——. *Desde el mundo de Borges*. Edición bilingüe. Versión inglesa de William Shand. Buenos Aires: Marymar, 1994.
——. *Desde el mundo de Borges*. Edición bilingüe. Versión francesa de Alicia Bermolen. Buenos Aires: Corregidor, 2007.
——. *Plegarias*. Buenos Aires: Marymar, 1996.
——. *Poemas porteños*. Buenos Aires: El Francotirador, 1997.
——. *Canciones*. Buenos Aires: El Francotirador, 1999.
——. *Veinte poemas posmodernos y una canción deshilvanada*. Buenos Aires: Marymar, 2000.
——. *Poemas del conocer. Poèmes de la connaissance*. Edición bilingüe. Trad. Paul Verdevoye. Ed. Beatriz Curia y Alicia Bermolen. Buenos Aires: Corregidor, 2004. Primera edición: Buenos Aires: Marymar, 1984.

——. *Un lengue sobre la voz*. Buenos Aires: Corregidor, 2006.
——. *Poemas medidos por el tiempo*. Buenos Aires: Corregidor, 2012.

Ensayo

Isaacson, José, *El poeta en la sociedad de masas. Elementos para una antropología literaria*. Américalee: Buenos Aires, 1969.
——. "*Martín Fierro*. Ensayo introductorio". *Martín Fierro. Centenario. Testimonios*. Editor José Isaacson. Buenos Aires: Ministerio de Cultura y Educación, 1972, pp. 11-21.
——. *Kafka, la imposibilidad como proyecto*. Editorial Plus Ultra: Buenos Aires, 1974.
——. *Introducción a los* Diarios *de Kafka. La escritura como dialéctica de los límites*. Buenos Aires: Marymar, 1977.
——. *La revolución de la persona*. Buenos Aires: Marymar, 1980.
——. *Macedonio Fernández, sus ideas políticas y estéticas*. Buenos Aires: Belgrano, 1981.
——. *Antropología literaria. Una estética de la persona*, Buenos Aires: Marymar, 1982.
——. *Encuentro político con José Hernández*. Buenos Aires: Marymar, 1983.
——. *La Argentina como pensamiento*. Buenos Aires: Marymar, 1983.
——. "*Martín Fierro*, poema de denuncia". *Martín Fierro*. José Hernández. Dibujos de Juan Carlos Castagnino. Tercera edición, 1986. Buenos Aires: Editorial Universitaria de Buenos Aires, cuarta edición, 1997, pp. I-XVI.
——. *Borges entre los nombres y el Nombre*. Buenos Aires: Fundación del libro, 1987.

——. *Luis Augusto Huergo. Primer ingeniero argentino. La ciencia y la técnica en el proceso cultural del Río de la Plata*. Buenos Aires: Academia Nacional de Ingeniería, 1993.

——. *José Hernández. El senador Martín Fierro*. Buenos Aires: Círculo de Legisladores de la Nación Argentina, con el auspicio de la Secretaría de Cultura de la Presidencia de la Nación, 1998.

——. *Teoremas*. Buenos Aires: Corregidor, 2001.

——. *La realidad metafísica de Franz Kafka*. Buenos Aires: Corregidor, 2005.

——. *Filosofía, literatura y etcétera*. Buenos Aires: Corregidor, 2004.

——. *El neoliberalismo como fundamentalismo económico: ensayos argentinos*. Buenos Aires: Corregidor, 2005.

——. *Para una ontología de la industria cultural*. Buenos Aires: Corregidor, 2008.

Prólogos

Isaacson, José, "Prólogo". *Walden o la vida en los bosques*. Henry David Thoreau. Buenos Aires: Marymar, 1977.

——. "Prólogo". *La musa de la mala pata y El gato escaldado*. Nicolás Olivari. Centro Editor de América Latina, 1982.

——. "Prefacio", *Ciencia, técnica y humanismo*. Marcos Meeroff y Agustín Candioti. Buenos Aires: Biblos, 1996.

——."Prólogo". *Literatura argentina e idiosincrasia*. Paul Verdevoye. Buenos Aires: Corregidor, 2002.

Antologías

Isaacson, José, *Perfil de la actual poesía argentina*. Homenaje al Sesquicentenario de la Revolución de Mayo. Buenos Aires, *Amistad*, 1960.

———. *40 años de poesía argentina (1920-1960)*. Buenos Aires: Aldaba. Vol. I ,1962; vol. II, 1963; vol. III, 1964.
———. *Poesía de la Argentina: de Tejeda a Lugones*. Buenos Aires: Editorial Universitaria de Buenos Aires, 1965.
———. *Geografía lírica argentina; cuatro siglos de poesía*. Buenos Aires: Corregidor, 2003.

Libros colectivos

Isaacson, José, *El populismo en Argentina*. J. Isaacson, coordinador. Buenos Aires: Plus Ultra, 1974.
———. *Censura, individuo y sociedad*. Eds. Bernardo Canal Feijóo, José Isaacson, Gregorio Weinberg *et al*. Buenos Aires: Corregidor, 1983.
———. *Pensar la Argentina*. J. Isaacson, coordinador. Buenos Aires: Plus Ultra, 1986.
———. *Borges, argentino universal*. Rolando Costa Picazo, José Isaacson. Buenos Aires: Instituto de Estudios Argentinos, 2000.

Revistas

Isaacson, José, *Comentario*. Buenos Aires. Instituto Judío Argentino de Cultura e Información. 1953-1970.
———. *Palabra y Persona*. Buenos Aires. PEN Club Argentino. 1997-2002; 2006-presente.

OBRAS Y PUBLICACIONES CONSULTADAS

Agustini, Aurelii Sancti. *De vera religione*. Vol. 32. Opus Christianorum. Turnholti: Brepols Editores, 1962, pp. 187-274.
Aristotle. *Metaphysica, The Basic Works of Aristotle*. Ed. Richard McKeon. New York: Modern Library, 2001.

Bachelard, Gaston. *La poetique de l'espace*. Paris: Presses Universitaires de France, 1972.
——. *L'Intuition de L'instant*. Paris: Stock, 1992.
Bécquer, Gustavo Adolfo. *Rimas*. Edición de Rafael Montesinos. Madrid: Cátedra, 2004.
Berkeley, George. *A Treatise Concerning the Principles of Human Knowledge*. Edited and Introduced by G. J. Warnock. London: Collins / Fontana, 1975.
Borges, Jorge Luis. *Obras completas*. III vol. Barcelona: Emecé, 1989.
——. *Obra poética*. 1923/1977. Madrid. Alianza Tres, 1985.
Buber, Martin. *Ich und Du*. Leipzig: Insel-Verlag, 1923.
——. *I and Thou*. Translation with Prologue and Notes by Walter Kaufmann. New York: C. Scribner's Sons, 1970.
Canal Feijóo, Bernardo. Prólogo. *3 de Buenos Aires. Guibert, Isaacson, Rossler*. Buenos Aires: Pleamar, 1969, pp. 7-13.
Curia, Beatriz. Introducción. *Poemas del conocer / Poèmes de la connaissance*. Trad. Paul Verdevoye. Ed. Beatriz Curia y Alicia Bermolen. Buenos Aires: Corregidor, 2004, pp. XXI-XLVII.
——. "Pretextos y Contextos en Poemas del conocer". *José Isaacson: poeta crítico*. Ed. Thorpe Running. Buenos Aires: Nuevohacer, 1999, pp. 117-129.
——. "José Isaacson y el poeta desalienado". *La figura del intelectual*. Actas del IV Congreso Internacional de CELCIRP, New York. *Río de la Plata* 20-21 (1998), pp. 423-434.
De la Guardia, Alfredo. "Certidumbre de la poesía". *El pasajero*. José Isaacson. Buenos Aires: Américalee, 1969, pp. 9-19.
——. "Certidumbre de la poesía". *José Isaacson: poeta crítico*. Ed. Thorpe Running. Buenos Aires: Nuevohacer, 1999, pp. 117-129.

——. "Nuevo canto a Buenos Aires". *José Isaacson: poeta crítico*. Ed. Thorpe Running. Buenos Aires: Nuevohacer, 1999, pp. 95-101.

Descartes. René. *Discourse on Method and the Meditations*. Trans. F. E. Sutcliffe. Middlesex, Penguin Books, 1982.

Garasa, Delfín L. "José Isaacson, poeta". *José Isaacson: poeta crítico*. Ed. Thorpe Running. Buenos Aires: Nuevohacer, 1999, pp. 19-69.

Hegel, G. W. F. *Aesthetics*. Translated by T. M. Knox. 2 vols. Oxford: Clarendon Press, 1975.

Hume, David. *A Treatise of Human Nature*. Ed. David F. Norton & Mary J. Norton. Oxford: Oxford University Press, 2004.

Kant, Immanuel. *Kritik der reinen Vernunft*. Hamburg: Felix Meiner, 1956.

Kaufmann, Walter. "Prologue". *I and Thou*. New York: C. Scribner's Sons, 1970, pp. 9-48.

Keats, John. *The Oxford Authors. John Keats*. Ed. Elizabeth Cook. Oxford: Oxford University Press, 1990.

Leoz, Anselmo. Presentación (Solapas de la edición). *Oda a la alegría*. José Isaacson. Buenos Aires: Librería Hachette, 1965.

Locke, John. *An Essay Concerning Human Understanding*. Edited with an Introduction by Peter Nidditch. Oxford: Oxford University Press, 1979.

Machado, Antonio. *Poesías completas*. Prólogo de Manuel Alvar. Madrid: Espasa Calpe Selecciones Austral, 1984.

Maimonides, Moses. *The Guide of the Perplexed*. 2 Vols. Translated and Introduction by Shlomo Pines. Introd. Essay by Leo Strauss. Chicago: The University of Chicago Press, 1963.

Manrique, Jorge. *Coplas por la muerte de su padre*. Biblioteca Virtual Miguel de Cervantes. Disponible en línea: http://www.cervantesvirtual.com/obra-visor/

obra-completa--0/html/ff6c9480-82b1-11df-acc7-002185ce6064_4.html#I_53_
Martín, Marina. "Visión escéptica en 'Tlön, Uqbar, Orbis Tertius'". *Revista de estudios hispánicos* 24 (1990), pp. 47-58.
——. "Borges, perplejo defensor del idealismo". *Variaciones Borges* 13 (2002), pp. 7-21.
Mastronardi, Carlos. "Prólogo". *Amor y Amar*. Buenos Aires: Américalee, 1960, pp. 9-19.
——. "Isaacson y la esperanza". *José Isaacson: poeta crítico*. Ed. Thorpe Running. Buenos Aires: Nuevohacer, 1999, pp. 71-81.
Moore, G. E. "A Defence of Common Sense". *Philosophical papers*. London: Allen and Unwin, 1959, pp. 32-59.
——. "Proof of an External World". *Philosophical papers*. London: Allen and Unwin, 1959, pp. 127-150.
Nietzsche, Friedrich. *Götzen-Dämmerung*. Kritische Studienausgabe Herausgegeben von Giorgio Colliund Mazzino Montinari. KSA 6. München: DTV de Gruyter, 1999.
Ockham, William of. *Opera philosophica et theologica*. Ed. Gedeon Gal, *et al.*, 17 vols. New York: St. Bonaventure, the Franciscan Institute, 1988.
Pagés Larraya, Antonio. "Raíces filosóficas de una poesía desvelada y ardiente". *José Isaacson: poeta crítico*. Ed. Thorpe Running. Buenos Aires: Nuevohacer, 1999, pp. 103-116.
Paz, Octavio. *Los signos en rotación*. Madrid: Alianza Tres, 1991.
Plato. *The Republic. The Dialogues of Plato*. Vol. 4. Translated by Benjamin Jowett. Ed., R. M. Hare & D. A. Russell. GB Hazell Watson, 1970.
Running, Thorpe. *José Isaacson: poeta crítico*. Ed. Thorpe Running. Buenos Aires: Nuevohacer, 1999.

Russell, Bertrand. "Introduction". *Tractatus Logico-Philosophicus* by Ludwig Wittgenstein. London: Routledge & Kegan Paul, 1978, pp. ix-xxii.

Shakespeare, William. *The Tempest*. World Library, Inc. Project. Gutenberg E-Text of Illinois Benedictine College. Shaks12.txt

Shelley, Percy Byssche. *A Defence of Poetry*. Project Gutenberg eBooks. Shelley adpoe10.txt

Sosnowski, Saúl. *La orilla inminente. Escritores judíos argentinos*. Buenos Aires: Legasa, 1987.

Spinoza, Baruch. *Ethics*. Ed. J. Gutmann. New York: Hafner, 1949.

Strauss, Leo. Introductory Essay. *The Guide of the Perplexed*. Maimonides, Moses. 2 Vols. Translated and Introduction by Shlomo Pines. Introd. Essay by Leo Strauss. Chicago: The University of Chicago Press, 1963, pp. xiii-lvi.

Tagore, Rabindranath. *Collected Poems and Plays*. New York: Macmillan, 1993.

Unamuno, Miguel de. *Del sentimiento trágico de la vida*. Madrid: Espasa Calpe, 1971.

Warnock, G. J. Introduction. *A Treatise Concerning the Principles of Human Knowledge*. Edited and Introduced by G. J. Warnock. London: Collins/Fontana, 1975: 7-39.

Weinstein, Ana y Myriam Gover de Nasatsky. *Escritores Judeo-Argentinos. Bibliografía (1900-1987)*. Vol. 1. Buenos Aires: Milá Pasteur, 1994.

Wittgenstein, Ludwig. *Tractatus Logico-Philosophicus*. Introd. Bertrand Russell. London: Routledge & Kegan Paul, 1978.

——. *On Certainty. Uber Gewissheit*. Bilingual edition. Ed. G. E. M. Anscombe & G. H. Von Wright. Translated by D. Paul & G. E. M. Anscombe. Oxford: Basil Blackwell, 1979.

ÍNDICE ONOMÁSTICO

A

Agustín 44
Argentina
  identidad argentina 58
  interés cultural 57, 83, 96, 108
  obras relacionadas 219
Aristóteles
  en la obra de Isaacson 185
Arte
  en Buber 34
  encuentro y creación 34, 47
  entrega total 51
  eternidad 204
  identidad 37, 50, 179, 186, 217
  inmanencia 204
  objetivo 38
  origen 34
  y ciencia 35, 54
  y misticismo 181
  y poesía 45
  y póiesis 49, 174
Auschwitz 76

B

Bachelard, G. 14, 53, 74, 91, 92, 93, 94, 95, 96, 97, 223
Bacon, F. 71
Bécquer, G. A. 32, 53, 223
Berkeley, G. 126, 223
Biblia
  ecos bíblicos 58, 63, 68, 77, 209
  interés 49, 58, 60, 132, 211
Biblioteca
  interés en la familia 58

Borges, J. L.
  interés 28, 87
  vínculos 26, 49, 59, 70, 84, 104, 121, 123, 126, 135, 164, 210
Buber, M. 14, 27, 28, 33, 34, 37, 40, 41, 42, 44, 47, 51, 58, 63,
        64, 68, 69, 98, 115, 119, 129, 137, 141, 169, 190, 197, 198,
        202, 205, 206, 210, 211, 213, 217, 223
Buenos Aires
  exploración de identidad 58, 89, 108, 116
  hogar 89, 108
  interlocutor 90
  presencia constante 77, 84, 103
  regreso 103
  visiones múltiples 31, 94, 106, 109

C

Canal Feijóo, B. 20, 84, 110, 119, 222, 223
Chagall, M. 63, 76, 213
Conciencia
  compromiso 44, 189
  creación 121
  facultad 146
  fluir de 71
  y encuentro 95
  y espacio 145
  y lenguaje 69
  y tiempo 128
Conocimiento
  autoconocimiento 28, 39, 70, 108
  axiología-axioma 48, 97, 167, 212
  justificación 25, 74, 131, 205
Curia, B. 11, 15, 27, 39, 219, 223

D

De la Guardia, A. 38, 108, 120, 203, 223
Delfos 40, 70

Descartes, R.
  cogito y fundamento 97
  cogito y lenguaje 68, 141
  idea clara y distinta 212
  res cogitans 68, 141, 146
Dialéctica 27, 32, 34, 38, 47, 48, 71, 94, 97, 123, 137, 166, 190, 198, 212
Dios
  Deus sive Natura 65, 70, 72, 124, 198, 205, 211
  Nombre 66, 72, 74, 122, 143, 210, 211
  Origen 64, 72, 120, 124, 127, 210
  Verbo 72, 211

E

Encuentro
  en la escritura 41, 50, 53, 123
  espacio de relación 34, 95, 198, 207
  y conciencia 95
Escepticismo
  ambigüedad-incertidumbre 163, 166, 212, 216
  cuestionamiento 74, 93
  importancia 215
  pirronismo 146
  triunfo sobre 62
  y diálogo 65
Escher, M. C. 162
Espacio
  anímico 91, 94, 105, 146
  crítica al materialismo 125
  en el tiempo 92
  ilusión 126, 162
  sagrado 53, 72
  y poesía 74
  y tiempo 126
Estética
  belleza 32, 37, 45, 52, 76

belleza-verdad 45
creación-póiesis 50, 120
misión-póiesis 32
Estilo literario
  desnudez 68, 92, 115
  lejos de modas y retóricas 43, 71, 190, 201, 216
Existencia 48, 69, 137, 205

F

Familia 58, 59, 133, 143
Fernández, M. 48, 57, 87, 143, 220
Ficción
  axioma-punto de partida 97
  espacio 136
  realidad 166, 179
  tiempo 123, 136

G

Garasa, D. 96, 203, 224
Génesis 50, 58, 68, 201, 211
Goleman, D. 39
Gover de Nasatsky, M. 74, 226

H

Hegel, G. W. F. 34, 35, 38, 46, 52, 198, 224
Heráclito 94, 201
Hernández, J. 57, 85, 86
Humanismo
  importancia 27, 83, 96, 119, 194, 198, 199
  rescate de la persona 27, 33, 38, 41, 44, 51, 68
Hume, D. 69, 146, 156, 224

I

Identidad

divina 64, 72, 214
lenguaje 175, 214, 216
origen 214
personal 25, 28, 48, 70, 169
póiesis 32, 174
Infinito 70, 204, 211
Inspiración
  dinámica 32, 38, 49, 120
  fuente 34, 58, 141, 211
Israel 63, 73, 76

J

Jacob 63, 73, 76, 177, 205
Jardín
  exilio 123, 127, 210
  utopía 157, 169, 210, 213
Judaísmo
  compromiso con 60
  espíritu cabalístico 49, 64, 72, 76
  interés 34, 48, 74, 77, 89, 132, 198, 210
  raíces 58, 73, 76, 90, 132

K

Kafka, F.
  deshumanización 40, 42
  escritura 53, 62, 65, 122
  estilo 92
  estudios sobre 27, 29, 58, 76, 97, 113, 214
  niveles de lectura 66, 97, 177, 199, 215
  realidad 42, 136
Kant, I. 28, 42, 71, 182, 224
Kaufmann, W. 34, 41, 42, 223, 224
Keats, J. 46, 59, 139, 141, 224

L

Lenguaje
  divino 34, 49, 53
  interés 71
  limitaciones 70, 94, 98, 179, 181
  nombrar 68, 71
  y poesía 37, 53, 71
  y vida 69
Leoz, A. 190, 224
Locke, J. 126, 224
Lozzia, L. M. 20, 85

M

Machado, A. 40, 52, 224
Magritte, R. 163
Maimónides 33, 34, 62, 212, 213
Manrique, J. 224
Martín, M. 13, 14, 15, 59, 60, 69, 114, 225
Masificación
  alienación 32, 43, 51, 156
  cosificación 44, 112
Mastronardi, C. 198, 201, 219, 225
Materia
  apariencia 42, 123
  sustancia 124, 125, 205
Misticismo 33, 34, 49, 211
Moore, G. E. 225

N

Nietzsche, F. 75, 206, 225
Nihilismo 47, 65, 167, 215
Nombre 65, 66, 72, 73, 87, 120, 122, 124, 143, 210, 211, 220

O

Ockham, W. 212, 225
Origen 64, 66, 67, 72, 120, 123, 124, 127, 210
Ortega y Gasset, J. 34

P

Pagés Larraya, A. 225
Palabra
  arma 65, 174
  concepto topográfico 146, 175
  creación 214
  desalienada 33, 39
  identidad 146, 174
  orden 182
  precariedad 65, 122, 175, 214
  primordial 14, 33, 39, 44
  pura 52
  relación 33, 39, 44
  vertical 95
Palpalá 195
Panteísmo 124, 198
Paradoja
  concepto topográfico 74, 96, 169, 214
  identidad-realidad 175, 217
  palabra 53, 175
  poema 97
  y conciencia 169, 214
  y tiempo 125, 131
Parménides 201
Paz, O. 93, 96, 97, 98, 108, 225
Persona
  encuentro 34, 37, 51
  estética 31, 47
  identidad 38, 51, 70, 146
  pronombres personales 68, 92

rescate 27, 34, 38, 44, 68
Platón 64, 136, 186
Poesía
  poema crítico 93, 96
  vertical 53, 90, 93, 194
Póiesis
  artes-común denominador 34, 49
  belleza-libertad-verdad 45, 52
  carácter dialógico 49, 62
  creación 32, 38, 47, 50, 120, 174
  entrega 51
  escritura 49, 64, 94
  identidad 50
  justificación 32, 37, 51, 174
Posmodernismo
  crítica 216
Pregunta
  conocimiento 70, 116, 203, 209
  identidad humana 116
  kantiana 28, 171

Q

Quijote 175, 217

R

Read, H. 43
Relación 27, 33, 41, 51, 68, 198
Revistas
  Comentario 18, 84, 85, 222
  Palabra y Persona 18, 85, 222
Revolución 27, 44, 220
Running, T. 11, 26, 93, 95, 96, 109, 201, 203, 223, 225
Russell, B. 181, 226

S

Shakespeare, W. 50, 59, 123, 226
Shelley, P. B. 31, 37, 43, 45, 59, 226
Sísifo 27, 136, 164, 177, 185, 217
Solidaridad 61, 84, 96, 194, 197, 206
Sosnowski, S. 74, 226
Spinoza, B. 15, 33, 47, 49, 58, 62, 64, 65, 69, 70, 72, 122, 143, 156, 166, 198, 202, 204, 205, 210, 211, 213, 226
Strauss, L. 213, 224, 226

T

Tango 107, 115
Terencio 38, 52
Tiempo
  circular 132, 137, 164
  continuidad / continuación 125, 167
  esencia humana 124, 131, 162
  eternidad 124, 203, 214
  ilusión 123
  instantaneidad / sucesión 94, 125, 131, 164
  metáforas 34
  simultáneo 124, 132
  tema principal 25, 119, 131
  vertical 90, 93, 94

U

Unamuno, M. 38, 52, 226
Utopía
  importancia 216
  símbolos 98

V

Verdad
  punto de apoyo 97

transitoria 163, 216
y belleza 37, 45
y eternidad 38
Vertical 93, 94, 95, 96
Violencia 42, 63

W

Warnock, G. J. 126, 223, 226
Weinberg, G. 20, 84, 222
Weinstein, A. 74, 226
Wittgenstein, L. 146, 177, 181, 212, 226

Y

Yo-Tú 14, 15, 27, 33, 34, 42, 44, 49, 51, 62, 68, 83, 121, 137, 175, 190, 212

Z

Zenón 126, 135, 136

www.ingramcontent.com/pod-product-compliance
Lightning Source LLC
Chambersburg PA
CBHW031253230426
43670CB00005B/159